『日本書紀』集中講義

——天武・持統・藤原不比等を語る

林 順治

えにし書房

序　歴史の真実は現れるために隠されている

律令国家初頭（八世紀前半）の並びなき権力者藤原不比等によって完成した「記紀」（『古事記』と『日本書紀』）は二律背反《にりつはいはん》に満ち、まるでジグソーパズルのような仕組みになっています。アマテラスを祖とし神武を初代天皇とする万世一系天皇の物語は、事実だけでは虚偽を知ることはできず、虚偽を知ったからといって史実の全体像を正しく認識することはできません。

とは言っても『日本書紀』は古代日本国家の成立＝天皇の起源を知ることができる日本の正史として今も不動の地位を保っています。それゆえにこそ、昨今、多くの信頼できる歴史研究者たちは日本の歴史上最初に天皇を名乗ったのは第四〇代天武天皇（在位六七三―六八六）であることを明らかにしています。

七一二年（和銅五）『古事記』編纂者の太安万侶《おおのやすまろ》は、その序文で「天皇（天武）が後世に真実を伝えるため稗田阿礼《ひえだのあれ》に暗誦させた帝紀と旧辞の記録を本にするようにと今上天皇（元明、草壁皇子の妃）が述べられた」と語っています。

確かに「帝紀」と「旧辞」については、天武一〇年（六八一）三月一七日天武は川島・忍壁《おさかべ》皇子、臣下の中臣大島・平群子首《へぐりのこびと》ら一二人に帝紀と上古の諸事（旧辞）の編纂事業を命じたことが『日本書紀』に記されています。その一ヵ月前に天武・持統は嫡子草壁を皇太子に立て、律令（飛鳥浄御原令）を定めています。

『日本書紀』の完成は右大臣藤原不比等が死去した年の元正《げんしょう》天皇の養老四年（七二〇）です。すると『日本書紀』が完成するまで三九年要したことになります。この間天皇は天武→持統→文武→元明→元正と代替わりします。藤原不比等が文武（草壁の子）の後見人として台頭するのは持統天皇の代です。以後、不比等は皇位継承（男系の父子相承）を存続させるための後ろ盾として女性天皇元明《げんめい》・元正を支えます。

しかし『日本書紀』（七二〇年）の刊行から千三百年近くたった二一世紀の今日、古代天皇の系譜に驚くべきことが次々と判明しています。たとえば『日本書紀』は舒明・皇極の間に天智（兄、葛城皇子《みこ》）と天武（弟、大海人皇子）の男子が生まれ、舒明と夫人法提郎媛《ほてのいらつめ》（蘇我馬子の娘）との間に古人《ふるひと》皇子が生まれたとしていますが、なんと天智と天武は母が異なる兄弟（異母兄弟）であることや、天武と古人大兄（蘇我馬子の孫）は同一人物であることもわかったのです。そればかりではありません。天武が天智より年齢が四歳も上であったことも明らかになりました。

いったい天武と天智の間に何があったのでしょうか。壬申の乱（六七二年）はなぜ起こったのでしょうか。藤原不比等はなぜ『日本書紀』において蘇我馬子の娘を母に持つ天武が蘇我系の出自であることを隠し、蘇我王朝三代（馬子・蝦夷・入鹿）の存在をなかったことにしたのでしょうか。

もっと大きい決定的な問題があります。日本古代国家は朝鮮半島からの渡来集団によって建国されたことです。天智・天武は四六一年百済から渡来した昆支＝倭武（四四〇―五〇六）の子孫です。つまり倭王武は崇神＋垂仁＋倭の五王「讃・珍・済・興・武」の一人倭武《ヤマトタケル》のことです。

倭王武は加羅系渡来集団の始祖王崇神から五番目の王で、大和川と石川の合流する羽曳野《はびきの》（大阪南河内）に本拠をおく倭王済に婿入りした百済蓋鹵王（余慶、在位四五五―四七五）の弟（余昆）です。この史実は万世一系天皇という『日本書紀』の虚構性を根底から浮き彫りにします。

しかし現代日本の信頼すべき知識人（学者・作家・哲学者・ジャーナリスト、そして小・中・高の教師）でさえ、聖徳太子＝厩戸《うまやと》王以前の日本の歴史はわからないと言います。なぜなら専門分野の歴史学者や古代史研究者や考古学者たちは「記紀」に依存することはあっても、『日本書紀』に隠された数々の重大なる秘密を解き明かすことができずに現在に至っているからです。

それゆえ知識人の多くは『日本書紀』に書かれている「一七条憲法」をつくった聖徳太子がいたのかいなかったのか判断に迷っています。結果、日本の一般国民にとって聖徳太子はどうでもよい存在となり、日本の歴史の土台は頼りのない空虚なものとなっています。

『日本書紀』によれば隋（六一八年滅亡）に代わって唐が台頭した頃の倭国は、推古・聖徳太子・舒明・皇極の時代（本当は馬子・蝦夷・入鹿の蘇我王朝）です。しかし史実は隋・唐の「遠交近攻策」（遠きと交わり近きを攻める）によって、朝鮮三国（高句麗・新羅・百済）は国家存亡の危機に晒され、倭国（蘇我王朝）も朝鮮半島の戦争・内乱・クーデター・難民などの混乱に巻き込まれています。中大兄（天智）は母国百済に救済のため数万の兵を送りますが、唐・新羅連合軍との白村江の戦いで完膚なきまでに敗北します。百済はついに六六〇年、高句麗は六六八年に滅びます。

〝歴史の真実は現れるために隠されている〟という箴言《しんげん》があります。たしかに歴史は同じことを繰り返しながら古いものから新しいものに代わるために長い年月を要します。私たちは本当の歴史から「生命・自由・平和」が普遍の真実であることを知るべきです。

幸か不幸か、私たちは歴史どころか今、現実に世界のいたるところで地球温暖化＋二酸化炭素（CO_2）排出による自然破壊（大雨・洪水・旱魃）、戦争・内乱（テロ・殺戮・飢餓・難民）、クーデターによる国家の崩壊を見て聞いて学び、現に日本国内では東日本大震災や福島原発事故のトラウマを引きずり、北朝鮮のＩＣＢＭ（大陸間弾道ミサイル）の発射や核実験の対応を迫られています。

私たち日本および日本人は一人ひとりが歴史（過去）と現実（今）から将来（未来）の道筋を見つけなければならない難しい時代を迎えています。しかし難局の時こそ日本および日本人は隣接する韓国・北朝鮮・中国を含む世界と世界の人々に対してどのような振る舞いをしたらよいのか、古代日本国家の成立から始まる数千年の倭国＝日本の歴史が教えてくれるはずです。それゆえ日本国家の起源＝天皇の歴史を知ることが大切です。

なお、本書は「古代日本国家は朝鮮半島からの新旧二つの渡来集団によって成立した」という孤高の天才石渡信一郎の命題に依拠しなければ、アマテラスを祖とし神武を初代天皇とする『日本書紀』の〝虚と実〟を解明することができなかったことをここに銘記する次第です。

『日本書紀』集中講義　◇目次◇

天皇家系図

・『日本書紀』『続日本紀』による・数字は即位順と在位期間（西暦）

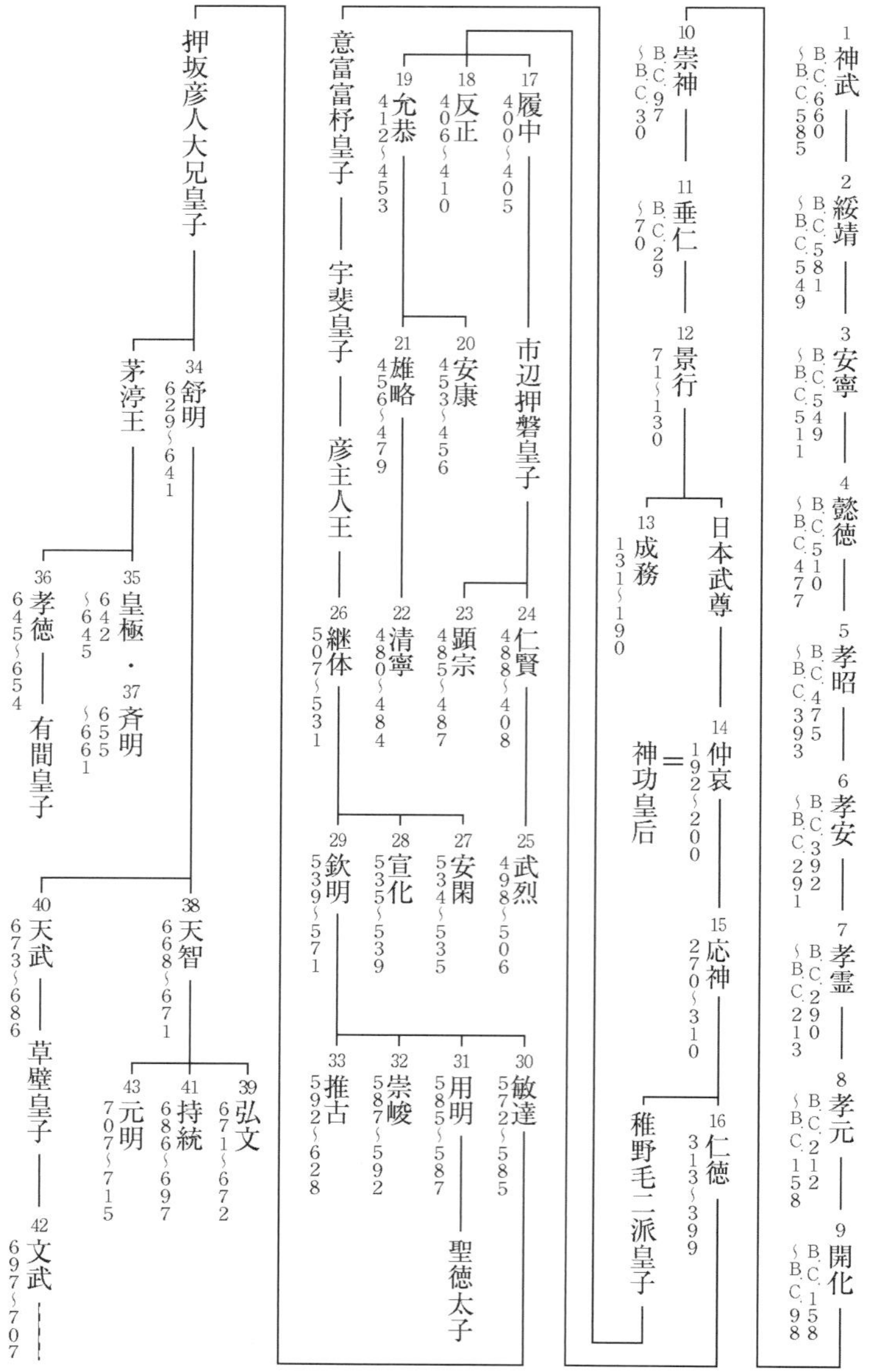

倭の五王と倭王武（昆支）との関係図

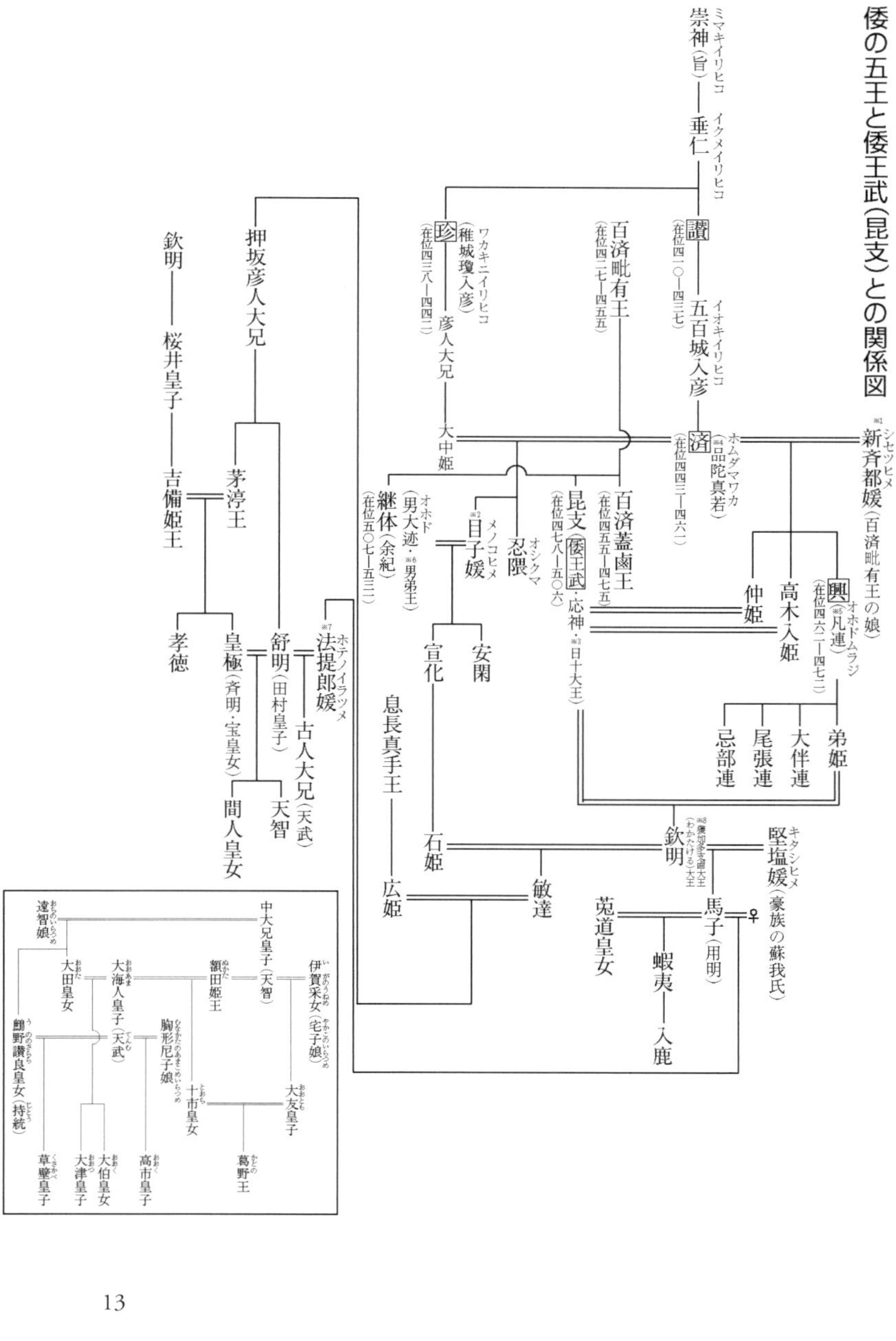

第1章　父子相承か兄弟相承か！

1　聖徳太子（厩戸王）は大王馬子の分身です

『日本書紀』の編纂者は推古天皇の死後、あたかも山背《やましろ》大兄皇子と田村皇子（舒明）の皇位継承の争いがあったかのように書いていますが、大王蘇我馬子の長子蝦夷と馬子の弟境部摩理勢《さかいべのまりせ》の兄弟相承か父子相承かの後継者争いを隠しています。

『古事記』序に「天武天皇の命で稗田阿礼が誦習《しょうしゅう》（暗誦）した『帝皇日継』（天皇の系譜）と『先代旧辞』（古い伝承）を太安万侶が、編纂したものである」と書かれています。

たしかに『日本書紀』と『古事記』の編纂を開始したのは天武天皇です。そして天武の意思を引き継いで「記紀」（『古事記』と『日本書紀』）を完成させたのは、時の最高権力者藤原不比等です。これまで言われてきたように『古事記』が古く『日本書紀』が新しいのではありません。藤原不比等の管理指導のもと「記紀」編纂グループによってアマテラスを祖とし神武を初代天皇とする万世一系天皇の物語がほぼ同時につくられたのです。

万世一系天皇の物語をつくるためには多くの架空の天皇が必要です。しかし「いなかった」天皇から「いる」天皇をつくることはできません。実在の天皇をもとに架空の天皇をつくることは可能です。史実を細切れにして架空の天皇に振り分けるのです。

その典型的な例は「聖徳太子」です。また紀元前六六〇年に即位した神武天皇も創作された架空の天皇のよい例です。『隋書』倭国伝に「開皇二〇年（六〇〇）、倭王、姓は阿毎《アメ》、字は多利思比孤《タリシヒコ》、号は阿輩鶏彌《オオキミ》、遣使を王宮に詣でさせる」と書かれているアメノタリシヒコは大王馬子（用明）のことです。女帝推古天皇でも聖徳太子でもありません。

太安万侶《おおのやすまろ》のいう「帝紀と旧辞」は、『日本書紀』推古天皇二六年（六一八）条に「皇太子（聖徳太子）・島大臣（馬子）、共に議《はか》りて、天皇紀と国記、臣・連・伴造《とものみやつこ》・国造《くにのみやつこ》・百八十部《ももやそとものお》、あわせて公民《おおみたからども》等の本記を録《しる》す」と書かれている「天皇紀と国記」のことです。

実は「天皇記」と「国記」とは、崇神を始祖王とする加羅系渡来集団が残した記録と倭王武を始祖王とする百済系渡来集団が残した記録が、加羅系と百済系を統一した欽明＝ワカタケル大王に引き継がれ、そしてワカタケル大王の子馬子（用明）に引き継がれた資料をさしています。

天武が即位するまでは天皇は倭国（日本）内では大王あるいは天王と呼ばれ、対外的には「倭王」「倭国王」「大倭王」等と呼ばれていました。日本という呼称も天皇とほぼ同時に使われるようになったと考えてよいでしょう。

天武は壬申の乱を制することによって自らの出自である継体系王朝を復活させました。『日本書紀』は天武の子舎人親王《とねり》（母は天智の皇女の新田部皇女）が中心になって編纂した正史ですが、彦人大兄（田村皇子の父）を「皇祖大兄」と書き継体の虚像・分身として仁徳天皇を聖帝として描いています。

また天武天皇一三年（六八四）一〇月、天武は八色《やくさ》の姓《かばね》を定めましたが、最高位の真人《まひと》の姓を与えられた一三氏族のうち、一〇氏族は継体系氏族です。一〇氏族とは次の通りです。三国公《きみ》・坂田公・酒人公・多比公・猪名公・息長公・山道公・羽田公・路《みち》公・守山公です。

この年（六八四）に真人の姓を与えられた氏族のほとんどが継体系であることから、天武（古人大兄）は継体→宣化→石姫（欽明の皇后）→敏達→彦人大兄→田村皇子（舒明）→天武と続く血統を重視していたことがわかります。

しかし大王馬子の娘法提郎媛を母に、舒明を父にもつ天武にとって大王馬子は仏教王（聖徳大王）として尊敬すべき母方の祖父です。大王馬子追善の寺であった法隆寺（斑鳩寺）を解体し、大王馬子の墓（石舞台古墳）を暴いたのはおそらく天武（古人大兄《ふるひとのおおえ》）と母が異なる天智の仕業でしょう。

2　推古亡き後の山背大兄皇子と田村皇子の後継者争い

それでは具体的に即位しなかった舒明天皇から、『日本書紀』の虚実を検証することにします。「舒明紀」は舒明天皇（在位六二九―六四一）の一二年にわたる事績の記述ですが、その分量全体の六〇%強が即位するまでの記録（即位前紀）です。その「即位前紀」は田村皇子と山背大兄皇子との即位争いの話で占められています。

推古天皇が亡くなるときの様子は『日本書紀』推古天皇三六年（六二八）条に次のように書かれています。

> 三月六日天皇（推古）は手のほどこしようもなく衰弱した。そこで田村皇子（舒明）を招き入れて「天位について国政を統御して人民を養うという重大なことは、安易に言うべきことではない。お前は慎重に考え、軽々しく言ってはならない」と言った。またその日は山背大兄皇子（聖徳太子の子）も招いて「お前は未熟である。心に望むことがあっても、あれこれ言ってはならない。必ず群臣の言葉を待って、それに従うとよい」と言った。七日天皇は亡くなった。時に御年七五歳である。

そしてまた『日本書紀』舒明天皇即位前紀の冒頭には次のように書かれています。

> 息長足日広額《おきながたらしひひろぬか》天皇（舒明）は、渟中倉太珠敷《ぬなくらのふとたましき》天皇（敏達天皇）の孫であり彦人大兄皇子の子である。母は額手姫皇女《ぬかでひめみこ》という。豊御食炊屋姫《とよみけかしきやひめ》天皇（推古）二九年（六二一）に、皇太子豊聡耳

（聖徳太子＝厩戸王）が亡くなる。しかしいまだ皇太子を立てなかった。三六年（六二八）三月推古天皇が亡くなった。

さて、以上の事柄を念頭に入れながら、推古天皇亡きあとの山背大兄皇子（聖徳太子の子）と田村皇子（彦人大兄皇子の子）皇位継承の争いを「舒明紀」にそって検証します。

推古天皇没後の後継者を自分一人で決めようと思った大臣蝦夷ですが、群臣《まえつきみ》の反対を恐れたので、阿倍麻呂臣と相談して大臣蝦夷の家に群臣を集めて饗応します。

後継者を一人で決めようと思った大臣蝦夷が「群臣の反対を恐れる」という『日本書紀』の書き方は矛盾していますが、『日本書紀』の記述通りに引用します。事実、「舒明紀」即位前紀の大臣蝦夷はこのような優柔不断な人物として描かれているのが大きな特徴です。

ちなみに大臣蝦夷の代役をつとめる阿倍麻呂は、以前、推古天皇に「葛城県《あがた》は私の封県にしたい」と伝える蘇我馬子の使者となった阿倍臣摩侶と同一人物です。阿倍臣は以前から蝦夷の父大王馬子の重臣です。

さて大臣蝦夷に代わって阿部麻呂が群臣に「今、天皇が亡くなったが、後継がいない。誰を天皇にするか」と尋ねます。誰も答えません。そこで阿倍臣はまた尋ねます。「天皇の言う通りです」と大伴噛《くい》連。阿部臣はさらに「本意を明らかにせよ」と迫ります。ようやく大伴噛連は「田村皇子に怠ってはならないと天皇が言ったのだから、皇位はすでに定まったと言えるでしょう」と答えます。

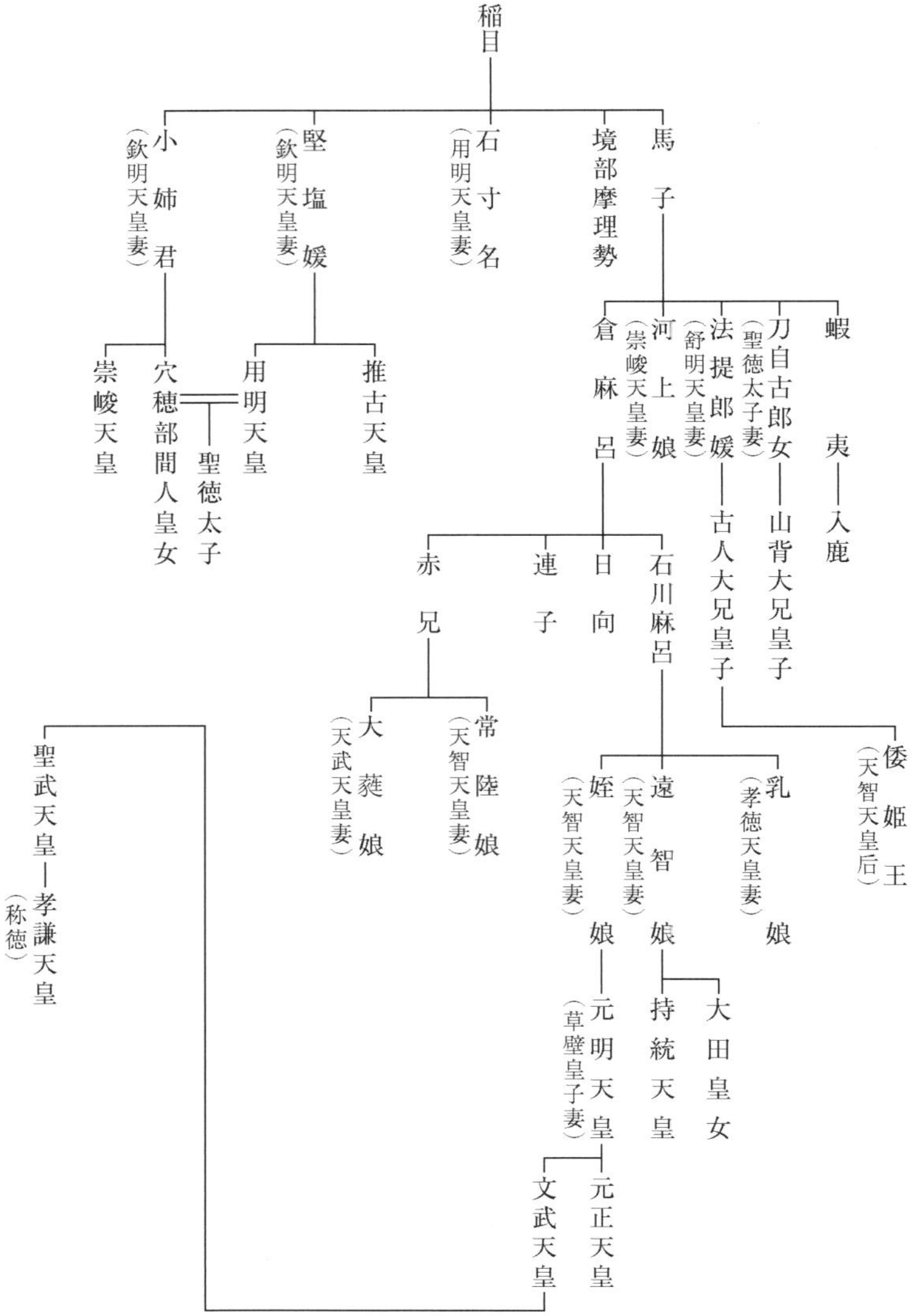

蘇我氏略系図（『アマテラス誕生』より）

大伴噛連につられ、その場に一緒にいた采女臣摩礼志《うねめのおみまれし》・高向臣宇摩・中臣連弥気《みけ》・難波吉士身刺《むざし》の四臣が「大伴噛連の言葉通り、まったく異議がありません」と同調します。対して許勢《こせ》臣大摩呂・佐伯連東人・紀臣塩手の三人は「山背大兄皇子を天皇にすべきです」と山背大兄を推します。それまで黙っていた蘇我倉摩呂臣だけが「考えた後に申上げます」と返事を保留します。

蘇我倉摩呂の「保留」に対して大臣蝦夷がどう思い、どう考えたのか、『日本書紀』は何も書いていません。しかし阿部麻呂は大臣蝦夷の弟ですから常識から言えば山背大兄支持のはずです。しかし今の流れから阿部麻呂を入れて山背大兄支持が四人、田村皇子支持が五人です。蘇我倉摩呂は保留ですからどちらとも言えません。大臣蝦夷は「これではことがうまくいかなくなる」と思い、この場を退出します。

ところが以前、大臣蝦夷は独自に境部摩理勢（大臣蝦夷の叔父、馬子の弟）に「天皇（推古）が亡くなったが、誰を後継者にしようか」と尋ねたとき、摩理勢は「山背大兄がよい」と答えました。摩理勢を山背大兄支持に数えると、田村皇子支持が五人、山背大兄支持が五人で評決は五分五分となります。しかし大臣蝦夷の責任は重大です。蝦夷がどちらを支持するかによって次の天皇が決まるからです。

大臣蝦夷らの会議の噂を聞いた斑鳩宮《いかるが》の山背大兄皇子は、蝦夷のところに三国王《みくにのおおきみ》と桜井臣和慈古《わじこ》の二人を秘密裏に訪ねさせます。『日本書紀』（小学館日本古典文学全集、以下同）訳者頭注によると山背大兄が派遣した三国王と桜井臣について「他に見えず」とあります。要するにこの二人についてはわからないということです。

三国王と桜井臣が大臣蝦夷に伝えた山背大兄皇子の考えとは「噂によると叔父（蝦夷のこと）は田村皇子を天皇にしようとしていると聞いた。私はそれを聞いて居ても立ってもずっと考えているが、まだその道理を納得できないでいる。どうか叔父の本意を知らせてほしい」というものでした。

山背大兄の憂慮を知った大臣蝦夷は阿倍臣・中臣連・紀臣・河辺臣・高向臣・采女臣・大伴連・許勢臣らを呼んで次のように言います。「お前たち大夫《まえつきみ》は、斑鳩宮に参上して、臣下の蝦夷は天皇の後継を一人で決めることはできない。ただ天皇（推古）の遺言を群臣に伝えただけだ。群臣がそろって遺言に従えば、田村皇子が当然天皇の後継になる。仮に私自身の考えがあるとしても、恐れ多くて人伝てには言うことはできない。実際に会った時に述べる」（と伝えよ）。

そこで大夫たちは大臣蝦夷の言葉を伝えるために斑鳩宮に参上しました。大臣蝦夷の言ったことを大夫たちから聞いた三国王と桜井臣は山背大兄に伝えます。すると山背大兄は人を介して大夫らに「天皇の遺言とはどのようなものか」と尋ねます。

「私たちは深いことは知りません。大臣の話によると田村皇子を呼んで『国の将来を言うものではない。これからお前田村皇子は慎重に発言せよ。次に山背大兄皇子にはお前は未熟である。あれこれ言ってはならない。必ず群臣の言葉に従うがよい』。このことは近侍していた女王・采女らが皆知っている。また山背大兄皇子も知っていることだ」と大夫らは答えます。

「この遺詔（遺言）をじきじき誰が聞き知っているのか」と山背大兄。「それは機密事項ですから私たちは存じません」と大夫ら。すると山背大兄は大臣蝦夷に伝えるよう大夫らに次のように告げます。

親愛なる叔父は私を労《いた》わって、重臣たちを使者として教え諭された。感謝である。しかし群卿が言った天皇の遺命は、私が聞いたこととは少し違っています。私が天皇の病気見舞いに訪れたとき、ちょうど退出してきた中臣連弥気が天皇がお会いになるそうですと言うので大殿に案内されました。

そこには側近の栗下女王《くるもとのおおきみ》を頭に女孺《にょじゅ》（宮中に仕えた下級の女官）八人、合わせて数十人が天皇のお側にいました。また田村皇子もそこにおられた。

天皇は重態でした。「山背大兄が参上しました」と栗下女王が伝えますと、天皇は身を起こして「今、私は命運も尽き、死のうとしている。お前はわが腹心であり、寵愛の情は比類ない。そもそも帝王にとって大切な皇嗣は私の治世だけに限ることではない。お前は未熟であるがよく注意して発言せよ」と言いました。そのことはそこに控えていた側近は皆知っていることです。

3　欽明天皇は昆支＝倭王武の晩年の子

一方、泊瀬仲王（山背大兄皇子の異母弟）は中臣連・河辺臣を呼んで「我ら父子は共に蘇我氏から出ている。これは天下の知るところである。それゆえ蘇我大臣を高山のごとく頼りにしている。どうか皇嗣（後継者）のことは軽々しく言わないようにしてほしい」と言います。『日本書紀』がなぜいきなり正体のわからない泊瀬仲王の話を持ち出しているのかその意図はわかりませんが、なにか伏線があるのでしょう。

大夫らに死の直前の推古天皇に会った様子を話した山背大兄は、また三国王・桜井臣を大夫らに同行させて「返事を聞かせてほしい」と大臣蝦夷に尋ねさせます。対して大臣は使者の三国王と桜井臣に「先日言った通りで、異なることは何もありません。どうして私がどの王を軽んじ、どの王を重んじることなどできるでしょうか」と使者の三国王と桜井臣に答えます。

数日後、山背大兄はまた桜井臣を使者として大臣に派遣しました。「先日のことは、聞いたことを述べたまでです。どうして叔父に背くことなどしましょうか」と伝えさせます。しかし大臣蝦夷はこの日は体の具合がわるく桜井臣に会いません。翌日、大臣は桜井臣を呼び、阿倍臣・中臣連・河辺臣・小墾田臣・大伴連らを山背大兄皇子に遣わし、次のように伝えます。

磯城島宮御宇天皇《しきしまのみやにあめのしたしらしめしすめらみこと》の御代より近世にいたるまで、群卿はみな聡明でありました。しかし今は拙《つたな》く、たまたま人材の乏しい時にあって、間違って群臣の上に立ったにすぎません。そのため皇嗣を定めることはできません。しかしこのことは重大であり、人伝《ひとづて》に申し上げるわけにはいきません。老臣の身で大儀ではありますが、お目にかかって申しあげます。ひとえに遺勅を誤らないためです。私意ではありません。

大臣蝦夷が山背大兄に伝えた「磯城島宮御宇天皇」とは誰をさしているのでしょうか。『日本書紀』を調べてみると敏達天皇元年（五七二）の六月条の後半に「磯城島宮天皇」が登場します。実はここに登場する磯城島宮天皇とは敏達天皇の父欽明こと天国排開広庭《あめくにおしはらきひろにわ》天皇です。

『日本書紀』によれば欽明は継体天皇（『日本書紀』は男大迹王、『古事記』では袁本杼命）と仁賢天皇の皇女手白香《たしらかの》皇后の嫡子ですが、すでに継体と尾張目子媛《めのこひめ》との間に安閑・宣化の年長の兄弟がいます（系図参照）。しかしこの『日本書紀』の系図は半分が本当で半分が偽りです。

本当は欽明が継体の子ではなく、雄略天皇五年（四六一）に倭国に渡来した百済蓋鹵《こうろ》王の弟昆支王＝倭王武（四四〇―五〇六）の晩年の子です。昆支王は『宋書』倭国伝に記載されている倭の五王「讃・珍・済・興・武」の倭王済の娘仲津姫とも結婚しましたが、倭王興（倭王済の子）の娘弟媛《おとひめ》とも結婚してワカタケル大王（稲荷山鉄剣銘文の獲加多支鹵大王）が生まれました。「倭の五王と倭王武（昆支）との関係図」（一三頁）をご覧ください。すなわちワカタケル大王＝欽明は昆支＝倭王武の晩年の子です。

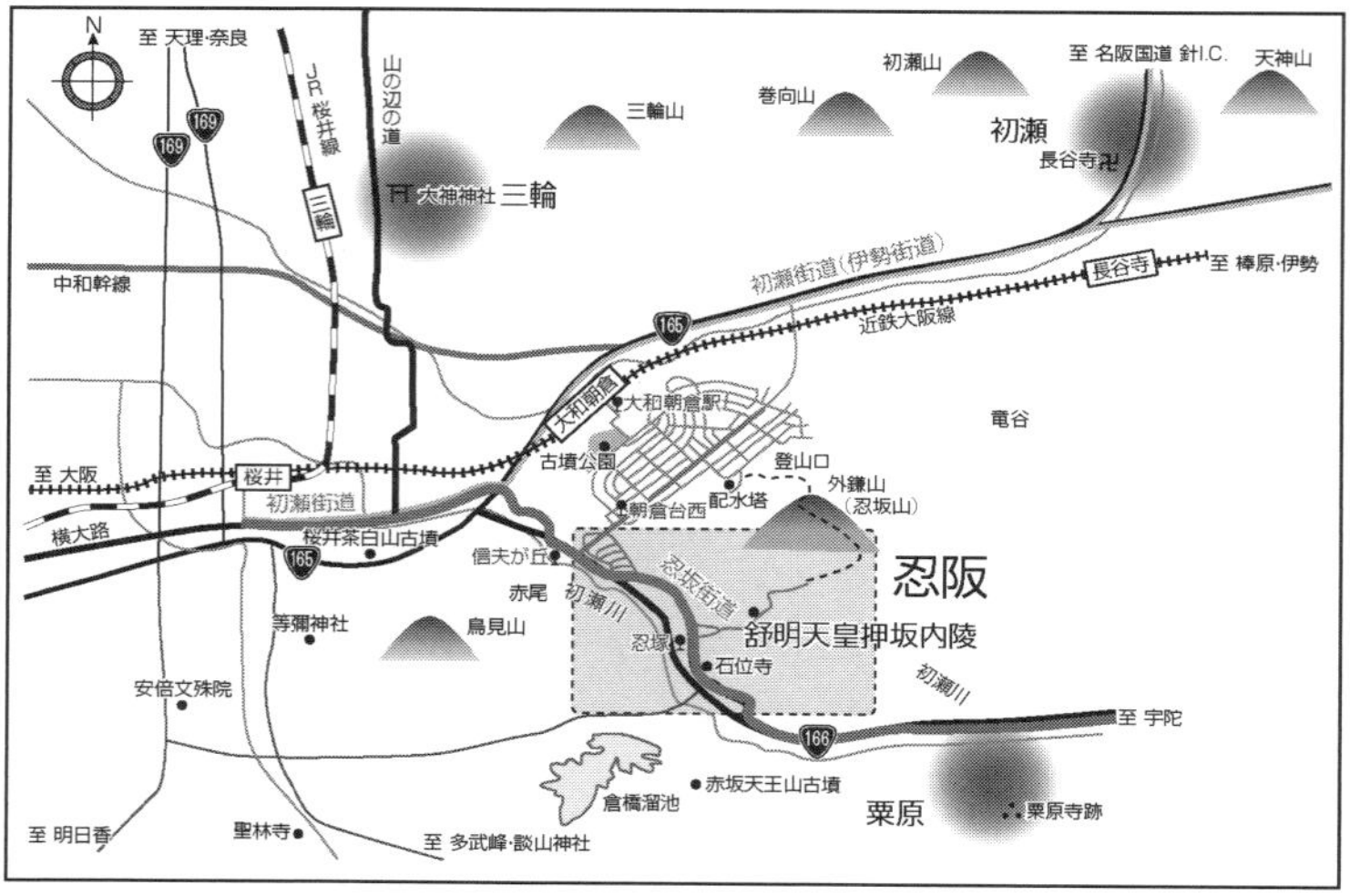

桜井市忍坂周辺の地図〔桜井駅観光案内パンフより〕

『日本書紀』は「実在しなかった」仁徳から武烈までの一〇人の天皇を作り、雄略を倭王武＝昆支や欽明（ワカタケル大王）の分身・虚像とし、仁徳を継体の分身・虚像とします。また欽明天皇の祖父仁賢（手白香皇女の父）（後述）も不在天皇の一人ですから、欽明は継体の嫡子ではないことは明らかです。

欽明＝ワカタケルは五三一年の辛亥のクーデターで、継体天皇の死と同時に太子の安閑・宣化を殺害し大王の地位を略奪しました。『日本書紀』記載の和《わ》風《ふう》諡《し》号《ごう》「アメクニオシハラキヒロニワ」（天国排開広庭）や稲荷山鉄剣に刻まれた「ワカタケル大王」（獲加多支鹵大王）から否が応でも欽明天皇の正体が浮かび上がってきます。

『日本書紀』が先の敏達天皇の父欽明を磯城島宮天皇としているのは、舒明天皇（田村皇子）の祖父敏達天皇の父欽明が磯城島（大和川上流の三輪

舒明天皇陵段ノ塚古墳〔筆者撮影〕

山南山麓の初瀬川の桜井市金谷付近）に都を造ったことにちなんでいます。現に舒明天皇の墓（八角墳）は奈良県桜井市大字忍坂字段ノ塚にあります。

　また雄略を倭王武（昆支）や欽明の分身・虚像とした「記紀」編纂者は雄略天皇の和風諡号を「大泊瀬幼武《おおはつせわかたけ》」（『古事記』は大長谷若建）とし、泊瀬朝倉で即位したとしています。泊瀬朝倉は大和川上流の初瀬川沿岸地域で桜井市大字寺以東になります。

　現在の中・高校生の検定日本史教科書は稲荷山鉄剣銘文の獲加多支鹵大王を雄略天皇（大泊瀬幼武）とし、「辛亥年」を四七一年としています。しかし雄略天皇（大泊瀬幼武、在位四五六―四七九）は不在天皇一〇人の一人で、欽明＝ワカタケル大王（在位五三九―五七一）の分身・虚像です。

　ちなみに隅田八幡鏡銘文の「癸未年（五〇三）八月、日十《ソカ》大王（昆支）の年（世）、男弟王《ヲホド》（継体）が意柴沙加宮《おしさかの》（忍坂宮）に在《いま》す時……」の「意柴沙加宮（忍坂宮）」は百済継体系の始祖王継体（男弟王＝男大迹王）が日十大王＝倭王武の後継者として即位する前に居住したところです。この地は先の磯城島や泊瀬朝倉や舒明天皇陵のある桜井市大字忍坂の地とほぼ重なっています。

　敏達天皇元年（五七二）の六月条に登場する大臣蘇我馬子ですが、『日本書紀』記載の系図では蘇我稲目の子となっていますが、稲目＝欽明ですから稲目と敏達天皇は母が異なる兄弟です。したがって敏達の子彦人大兄（田村皇子の父）にとって蘇我馬子（欽明の子）は叔父にあたります。

そして当時の兄弟相承制か父子相承制かの後継者争い（いわゆる五八七年の蘇我・物部の仏教戦争）で田村皇子の父彦人大兄は蘇我馬子に殺害されるのです。

4 国を二分する蘇我一族の摩理勢と蝦夷

さて、山背大兄と大臣蝦夷の間で天皇（推古）の遺言があったかなかったかのやり取りをしている頃、蘇我氏の諸族が集まって島大臣（蘇我馬子）の墓（桃原墓）を造成中でした。大臣蝦夷はその造成中の族長境部摩理勢のところに阿倍臣と中臣連を派遣します。

二人は「どの王を天皇とすればよいか」と尋ねます。境部摩理勢は「この前、大臣が御自身で問われた時に、私はすでに直接申し上げた。今またどうして人伝てに返事をしなくてはならないのか」とひどく怒りました。怒っただけではありません。墓所の庵《いおり》を壊して蘇我の田所《たどころ》に退いてしまったのです。対して大臣蝦夷もすこぶる怒り、身狭君勝牛《むさのきみかつうし》（他にみえず）と錦織首赤猪《にしこりのおびとあかい》（他にみえず）を境部摩理勢のところに派遣し、次のように伝えます。

石舞台古墳（馬子の墓）〔筆者撮影〕

私はお前の発言の非を知っているが、親族の義理によってお前を殺すことはできない。ただし、他人が非でお前が是ならば、私は必ず他人に逆らってお前に従うだろう。もし他人が是でお前が非ならば、私はお前に背いて他人に従うだろう。
　そういうわけで、お前が最後まで従わないようなことがあれば私とお前とは仲違いすることになる。そうすれば国も乱れよう。これによって後世の人は、我ら二人で国を損なったと言うだろう。これは後々の世の汚名である。お前はよく考え、逆心を起こしてはならない。

「国云々」という大臣蝦夷の言い分からも『日本書紀』編纂者は蝦夷と境部摩理勢が国を二分する大きな権力を有していることを暗に伝えていま

す。事実、境部摩理勢は蘇我氏一族の長として大王馬子の墓を造成するほどの人物です。しかし「舒明紀」の境部摩理勢は大臣蝦夷同様あまりにも軟弱に描写されています。

大臣蝦夷の高圧的な態度に反発した境部摩理勢は斑鳩の泊瀬王の宮《みこ》に隠れます。この境部摩理勢を保護した泊瀬王は、『法王帝説』によれば山背大兄皇子の異母弟にあたり、聖徳聖王（聖徳太子）と膳部加太夫古《かしわでのかたぶこ》の娘の子とあります。

大臣蝦夷は群卿《まえつきみ》を山背大兄皇子のもとに派遣して「最近、摩理勢は私に背いて泊瀬王の宮に隠れています。どうか摩理勢を引き渡してください」と伝えます。対して山背大兄は「摩理勢はもともと聖王の好誼《こうぎ》を受けています。しばらく滞在しているだけです」と返事をし、摩理勢には「お前は先王（聖徳太子）のことを忘れず、やって来てくれて嬉しいが、叔父（蝦夷）に背くわけにはいかない。どうか退去してほしい」と諭します。

このあたりの『日本書紀』の記述は大いに飛躍します。描写は大雑把で、意味不明の童謡《わざうた》まで登場します。『日本書紀』に童謡が挿入されるのは、記述に誤魔化しがある時か、なかったことをあったことのように伝える時か、反対にあったことをなかったことにする時です。とくに「舒明紀」と「皇極紀」は度が過ぎているとしか言いようがありません。

山背大兄にも退去するように言われて、隠れるところがなくなった境部摩理勢は自宅に戻ります。それから一〇日ほどたった頃泊瀬王も突然病気にかかって亡くなります。大臣蝦夷は摩理勢を殺そうと思い、兵を派遣します。

そのことを知った境部臣は二男の阿椰《あや》を率いて門に出て、胡床《こしょう》に腰をかけて待機しました。そこに大臣蝦夷の軍兵が到着し、来目物部伊区比《いくひ》が父子とも首を絞め、同じ場所に埋めます。

しかし摩理勢の長兄毛津だけは逃げて、尼寺の瓦舎《かわらや》に隠れ、そこで二人の尼を犯します。その一人の尼が恨んで表沙汰にしたために軍兵は寺を囲んで捕まえようとします。そこで毛津は逃げ場がなくなり、頸を刺して自害します。

時の人は「畝傍山　木立薄《うす》けど　頼みかも　毛津の若子の　籠らせりけむ」と詠みます。この意味不明な童謡は『日本書紀』編纂者が事実と異なる虚構の話を挿入するときによく使う特異な手法です。

ところで泊瀬王ですが、「天武紀」一二年（六八三）六月三日条に壬申の乱の功労者大伴連望多《まくた》（大伴吹負と兄弟）が亡くなったときにその功績を顕彰するために派遣されています。また「天武紀」一四年（六八五）一〇月一二日条には「浄大肆《じょうだいし》泊瀬王・直広肆巨勢朝臣馬飼・判官《まつりごとひと》以下、合わせて二〇人を畿内の役に任じた」とあります。

さらに「持統紀」九年（六九五）一二月一三日条に「浄大肆泊瀬王に賻物《ふもつ》を賜う」とあります。賻物とは「律令制下に有位官人が死亡したとき支給される禄料」とあり、泊瀬王は持統天皇九年（六九五）一二月頃に亡くなっています。

泊瀬王は皇族の一人ですが、「舒明紀」の泊瀬王と「天武・持統紀」の泊瀬王が同一人物であるかどうかは断定できません。「天武紀」の頭注も泊瀬王を「系譜未詳」としています。しかし同一人物である可能性は大と言えるでしょう。であれば泊瀬王が生きていたことになりますから、山背大兄皇子と田村皇子の後継者争いはなかったことになります。

5　境部摩理勢の正体

問題は大臣蝦夷と些細なことで争うことになった境部摩理勢の正体です。山背大兄皇子が「叔父」と呼び、大臣蝦夷が「親族」と呼んでいる境部摩理勢は蘇我稲目の子、馬子の実弟にあたり、推古・用明天皇の実母堅塩媛《きたしひめ》、小姉君《おあねきみ》（聖徳太子の母穴穂部間人皇女を娘にもつ）と兄弟姉妹の関係にあります。蘇我稲目（欽明の分身）を父にもつ馬子・境部摩理勢・石寸名《いしきな》・堅塩媛・小姉君はみな兄弟姉妹なのです。

『日本書紀』推古天皇二〇年（六一二）二月二〇日の檜隈大陵（見瀬丸山古墳）に欽明天皇の皇后堅塩媛を改葬する儀式で境部摩理勢は「大臣が多くの氏族を引き連れ、境部摩理勢に氏姓《うじかばね》の本《もと》について誄《しのびごと》を述べさせた」と書かれています。その時の「大臣」は大王蘇我馬子であり、境部摩理勢は蘇我氏の代表として誄の役を担っています。ちなみにこの盛大な皇太夫人后堅塩媛の改葬の儀式にも推古天皇や聖徳太子が参席していないのは推古も太子の厩戸王もいなかったことの証拠にもなります。

「天智紀」と「天武紀」には境部氏と坂合氏が多く登場しています。例えば「天武紀」一〇年（六八二）正月一一日条の「境部連石積《いわつみ》に封六〇戸《へひと》を与えた」とある石積は、「天智紀」六年（六六八）一一

見瀬丸山古墳の全景〔筆者撮影〕

月九日条の「大山下《だいせんげ》境部連石積等を筑紫の都督府に送った」という石積と同一人物です。

この境部連石積は「天智紀」四年（六六六）の「小山《しょうせん》坂合部連石積」、その一三年前の「孝徳紀」白《はく》雉《ち》四年（六五三）五月一五日条に遣唐使の随行員一二〇人のなかの一人として道昭（粟田真人）や定恵（鎌足の子）らと一緒に書かれている学生坂合部連磐積と同一人物です。このことから境部＝坂合部であることがわかります。

見瀬丸山古墳は奈良県橿原市見瀬町、五条野町、大軽町にまたがる全長三一八メートル、その横穴式石室は全長二八・四メートルで全国一の石室をもつ巨大古墳です。被葬者は欽明天皇か蘇我稲目とされています。欽明＝稲目ですから見瀬丸山古墳の被葬者は欽明（ワカタケル大王）です。

「欽明紀」には五七一年四月に亡くなった欽明が九月に「檜隈坂合陵」に葬られたとあり、その「檜隈坂合陵」は通説では奈良県高市郡明日香村大字平田の平田梅山古墳とされていますが見瀬丸山古墳のことです。

なぜなら「見瀬」はムサ（身狭）のなまりと考えられ、この古墳の西方には式内社の牟佐坐《むさにいます》神社があり、牟佐神社と見瀬丸山古墳との間の地域は「孝元紀」にみえる軽《かる》の「境原」の地です。「檜隈坂合陵」のサカイ（坂合）は、「境原」のサカイ（境）と同じで、檜隈と軽と牟佐にまたがった地域を指す古い地名です。

以上の事柄からも境部摩理勢は大王馬子の治世を通して太子蝦夷（後継者）に匹敵するか、あるいはそれ以上の権力と系譜を有していたことがわかります。境部摩理勢と大臣蝦夷との争いは皇位継承における父子相承か兄弟相承かの激しい争いであったと考えられます。

『日本書紀』は初代神武から一四代仲哀までは父子相承、第一一代天皇応神から継体までは兄弟相承として、史実と虚構を入り混ぜながら万世一系天皇の連続とその統一制を保とうとしますが、蘇我王朝三代（馬子→蝦夷→入鹿）の実在をなかったことにしようとしたために、その構想は完全に破綻します。その破綻は天智と天武の兄弟関係（実際は天武が兄で天智が弟）によって起きた壬申の乱（後述）に如実に現れています。

『日本書紀』の田村皇子（継体系）と山背大兄皇子（蘇我系）との皇位継承の争いは、これまで述べたように飛躍と矛盾に満ちています。持統と草壁（持統の子）の後見人である藤原不比等指導の『日本書紀』編纂者が継体・敏達系の田村皇子を皇位継承者として描こうとする意図はわかるにしても、むしろ反対に田村皇子と山背大兄皇子の皇位継承の争いは「なかった」か、あるいは「虚構の話」であったことを物語っているのです。

次章では、隋に代わって台頭した唐が「遠交近攻策」によって朝鮮半島の高句麗・新羅・百済と倭国日本にどのような影響を及ぼすようになったのかをお伝えします。

第2章　唐の台頭で激変する朝鮮三国と倭国

1　唐の遠交近攻策

舒明元年（六二九）正月四日田村皇子は即位しました。二年（六三〇）の八月五日大仁犬上君《いぬがみのきみ》三田《みた》耜《すき》・大仁薬師恵日《くすしえにち》（百済からの渡来人の子孫。難波薬師とも呼ばれる）が唐に派遣されます。この「舒明紀」の犬上君三田耜ですが、推古天皇二二年（六一四）六月一六日条に「犬上君三田鍬・矢田部造を大唐に遣わす」とあり、翌年の九月には三田鍬らは唐から帰国します。

しかし推古天皇二二年の三田鍬・矢田部造の派遣は「大唐《おおもろこし》」ではなく隋です。隋が滅びたのは六一八年（推古二六）ですから三田鍬らは遣隋使です。『日本書紀』編纂者は都合によってこのようなミスを意図的に行うことが多々あります。

不可解なのは舒明二年の犬上君三田耜と一緒に唐に派遣されたと書かれている薬師恵日のことです。恵日は推古三一年（六二三）七月条の「大唐《もろこし》の学問僧恵斉・恵光と医《くすし》恵日・福因らが智洗爾《ちせんに》に従って来朝した」という記事にも登場しています。

とすれば恵日は隋が滅びる前に隋（中国）に渡っていなければなりません。たしかに『日本書紀』推古天皇一五年（六〇七）七月三日条に「大礼小野妹子を大唐に遣わす。鞍作福利を通訳とした」と書かれています。しかしここでの「大唐」は隋であることは明々白々です。同一六年（六〇八）四月に小野妹子は裴世清（隋の皇帝煬帝の名代）らに送られて帰国します。

『日本書紀』によればこの年（六〇八）の九月一一日、小野妹子は再度裴世清（隋の大使）と一緒に隋（皇帝煬帝）を訪問します。『日本書紀』にはこの時大使小野妹子（副使吉士雄成）に同行した学生・学問僧の倭漢福因・恵明・高向玄理・新漢人大国、南淵請安・慧隠・新漢人広済ら八人の名前が書かれています。

問題の慧日ですが、小野妹子の二度の訪隋の際に同行したと思われますが、慧日の名前は記録されていません。この慧日の名前を隠し、隋を唐に書き換えているところに『日本書紀』の苦肉の作為が見え隠れしています。その作為は追ってこれから述べることで明らかになるはずです。

その恵日は推古三一年（すでに隋から唐に代わって六年目）来朝（本当は帰国）した時に次のような注目すべきことを言っています。

唐国に留学しているものみな学業を成就しました。召喚《しょうかん》して下さい。また、大唐国は法式の整備をした貴重な国です。常に交わりを絶やしてはなりません。

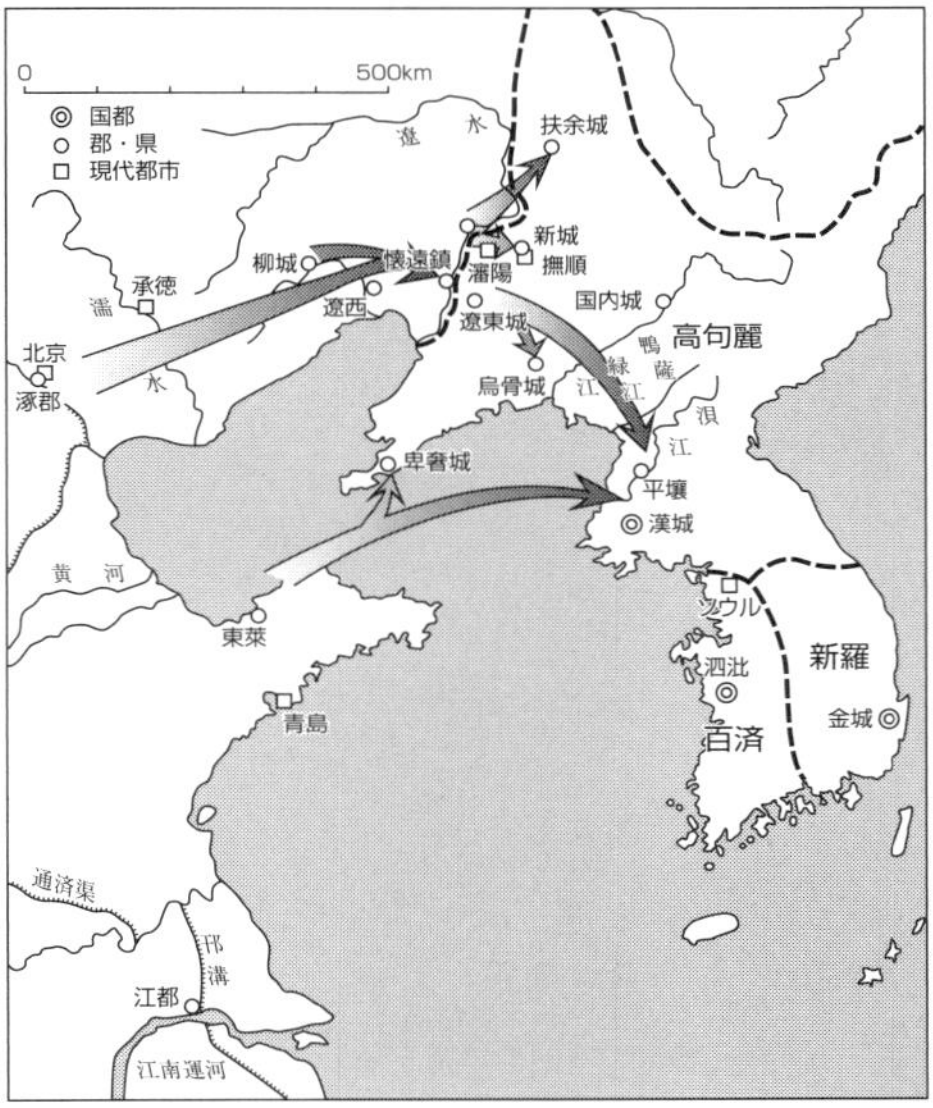

唐の遠交近攻策

「唐国に留学しているものみな学業を成就しました」という恵日の言葉は「隋の世に留学した学生は……」と言い換えたほうがわかりやすいでしょう。恵日の言葉の背後には「隋の煬帝の治世にアメノタリシヒコ＝大王馬子が小野妹子と一緒に送った高向玄理や僧旻ら留学生が大唐国（新唐）にまだ滞在している。いったん、召喚したうえで新たな外交関係を唐と結ばなければいけない」という唐側の強い意志がこめられています。

唐が起こった当時の中国をふくむ東アジアの状況を市販の年表で拾ってみると、「新羅百済を攻める」（六一六）、「煬帝、江都で殺され、隋滅ぶ」（六一八）、「百済、新羅を攻める」（六二三）、「百済、新羅を攻める。新羅、救いを唐に求む」（六二七）「新羅、高句麗を攻める」（六二九）とあります。

これらの記事は中国が隋から唐に代わることによってそれまでの朝鮮半島の新羅・百済・高句麗と

倭国の状況が大きく変わったことを示しています。唐が高句麗・新羅・百済と倭国に「遠交近攻策」を精力的に展開するようになったからです。

2　将軍境部臣雄摩侶を派遣する大王馬子

「遠交近攻策」とは中国が古くから用いた侵略・支配の外交上の戦術ですが、具体的には唐が隣接する強敵高句麗を侵略・支配するため新羅と組んで高句麗や百済を挟撃する作戦です。近い高句麗を攻めるために遠い新羅や倭国と友好関係を結ぶのです。

事実、薬師恵日が帰朝した年の『日本書紀』推古天皇三一年（六二三）条に「この年に新羅は任那を征討し、任那は新羅に帰順した。そこで推古天皇は新羅を討とうとして、大臣馬子に謀り、群卿に諮問した」と書かれています。

しかしこの記事は『日本書紀』独特の方法によって大きく粉飾され、わかりにくくなっています。当時の倭国の大王は推古天皇ではなくアメノタリシヒコ＝蘇我馬子であることや、任那（継体天皇の時百済に割譲）が欽明天皇二三年（五六二）にすでに新羅の支配下に入っていたことを念頭に入れておかなければなりません。

史実は大王馬子が百済支援のために大徳境部臣雄摩侶を大将軍とし、河辺臣・物部依網連らを副将軍として数万人の兵を派遣しますが失敗します。そのことを『日本書紀』は任那と百済と新羅と倭国の複雑な外交トラブルとして粉飾しています。『日本書紀』は大王蘇我馬子を大臣としたために複雑に描写せざるを得なかったのです。

大王馬子の晩年期には倭国は唐の遠交近攻策の影響を強く受けるようになります。この記事は倭国の支配層のなかには百済を出自とする大王馬子に対して唐を後ろ盾にする反百済親新羅のグループが勢力を持つようになったことを示しています。

「およそ百済の言うことは信用なりません」と言う田中臣（名は未詳）の言葉がそのことを物語っています。しかしこの正体が明らかでない田中臣が百済派で中臣連国が新羅派であることはこの記事からは判断つきません。『日本書紀』編纂者はどちらともとれるように書いています。ここでは蘇我馬子が大王でなく、任那・新羅和合政策の判断を間違ったのは大臣蘇我馬子であったことを強調するための『日本書紀』の作り話と考えられます。

大王アメノタリシヒコ＝馬子の治世に帰国（六二三）した薬師恵日は三田耜と一緒に遣唐使として派遣される「舒明紀」二年（六三〇）までの七年間倭国で唐の外交方針である「遠交近攻策」に携わっていたのです。

ところで舒明天皇二年一〇月一日天皇は飛鳥岡《あすかのおか》の岡本宮に移りました。『日本書紀』訳者頭注によると、この岡本宮は飛鳥川東岸の雷丘、明日香村奥山の大官大寺跡の東方、飛鳥寺の伝飛鳥板蓋宮跡の最下層遺構南板葺の三説があります。伝飛鳥板蓋宮跡説が有力です。

この年難波大郡《おおごおり》（外交上の庁舎）と三韓館（高句麗・百済・新羅からの使者のための宿泊所）を修理します。舒明三年（六三一）二月一〇日屋久島の人が来朝します。三月一日百済義慈王は王子豊璋を人質に入れます〔筆者註：六三一年の百済王は武王（在位六〇〇—六四一）。義慈王（六四一—六六一）を一〇年遡らせているのは書紀の意図的なミスか〕。

3　唐の使者高表仁、太子入鹿と争う

舒明四年（六三二）八月唐は高表仁《こうひょうじん》を使者として三田耜を倭国に送り返します。この時学問僧の霊雲《りょううん》〔いつ渡唐したか不明〕・僧旻および勝鳥養《すぐりのとりがい》が一緒に帰国します。僧旻は推古一六年（六〇八）九月条の新漢人日文《いまきのあやひとにちもん》と同一人物です。僧旻はのち政治・宗教の面で大きな影響力を行使します。『日本書紀』は高表仁一行の来朝を次のように書いています。

一〇月唐国の使者高表仁らが難波津に停泊したので、大伴連馬飼が江口（天満川の河口）まで出迎え、案内役の難波吉士《なにわのきし》と大河内直矢伏《やふし》が館まで先導した。翌五年（六三三）正月二六日高表仁らが帰国した。吉士雄摩呂・黒麻呂らが対馬まで送り、そこで引き返した。

ところが『旧唐書』は高表仁が倭王に会っていないとして次のように書いています。

貞観五年〔唐の太宗の治世、六三一〕、遣使が方物を献じた。太宗はその道中の遠きを不憫に思い、勅旨で所司に歳貢を無用とさせ、また新州刺史《しんしゅうしし》〔州の長官〕の高表仁を遣わして節を持して行かせこれを慰撫《いぶ》させた。表仁は慎みと遠慮の才覚がなく、王子と礼を争い、朝命を宣しないで還った。

『日本書紀』は確かに高表仁一行を船三〇艘で出迎えたと書いていますが、実際には高表仁一行は倭王に会っていません。『旧唐書』には「高表仁は王子と礼を争い朝命を伝えず帰った」と書かれているからです。『日本書紀』がこのことを隠していることからも、高表仁が来倭したときの倭王は蘇我蝦夷以外に考えられません。であれば高表仁と争った王子は蝦夷の子入鹿ということになります。

『旧唐書』によれば倭国が新羅の使者を通して唐に倭国の動静を報告したのは六四五年の乙巳《いっし》のクーデターから三年後の大化四年（六四八）のことです。高表仁が帰国した六三三年から六四八年までの一五年間、唐と倭国は事実上の国交断絶状態でした。

『大和政権の対外関係研究』の著者金鉉球《キムヒョンク》は、入鹿と高表仁が礼を争ったのは第一次遣唐使一行（三田鍬ら）と使者高表仁らは倭国が敵視していた新羅を経由し、しかも新羅の使者に送られてきたからだと指摘しています。

当時、百済と新羅は敵対関係にあり、倭国はもともと百済と友好関係にありました。唐の太宗（在位六二六—四九）は恵日の情報をもとに「遠交近攻策」（遠き新羅と交わって近き高句麗を攻める）の政治的工作にとりかかり、太宗は第一次遣唐使を新羅経由で帰国させたのです。帰国組のなかに「推古紀」一六年の僧旻や高向玄理（乙巳のクーデター派）らがいることを忘れてはなりません。

ところで推古天皇一四年（六〇六）の七月三日条に大礼小野妹子が隋に派遣され、その翌々年（推古一六）その小野妹子が唐の使者裴世清一行に送られて帰国した時の次のような記事があります。

ここに妹子臣が「私が帰還する時、唐帝は書簡を私に授けました。しかし百済国を通過するときに百済人によってその書簡を盗まれました。このため奉ることができなくなりました」と申し上げた。そこで群臣は「そもそも使者たるものは死んでも任務を遂行するものである。この使者は怠慢にも大国の書簡を失ったのか」と、流刑に処することにした。ここに天皇は「妹子には書簡を失った罪があるが、軽々しく断罪してはならない。かの大国の客らがこれを聞いたら不都合であろう」と罪を問われなかった。

この記事は明らかに推古天皇も聖徳太子も「いなかった」ことを物語っています。そもそも「義と礼と知と徳」を大切にする聖徳太子（厩戸王）が本当にいたのであれば、誰にでもわかるような「嘘」がはびこるはずがないからです。文中の「唐帝」も隋の皇帝煬帝《ようだい》（在位六〇四—六一八）の意図的な誤りです。このような粉飾記事を堂々と正史『日本書紀』に載せる編纂者がどのような精神構造にあったのかあらためて調べてみる必要があります。

親百済派の蘇我王朝の蝦夷・入鹿は帰国留学生から唐の親新羅の「遠交近攻策」を知らされていましたが、これまでの「親百済策」を変更し、唐との国交を深めるつもりはなかったのです。対して中大兄皇子（舒明の子）ら反蘇我・反体制派＋帰国留学生グループは、蝦夷・入鹿の百済オンリーの外交を親唐路線に切り替えようとします。

ついに六四四年一一月唐の太宗は高句麗に宣戦布告し、高句麗の蓋牟城を陥落させ、翌年、五月には遼東城を攻略します。反蘇我・反体制派グループにとっても、蝦夷・入鹿体制にとっても朝鮮半島の問題として放置しておくことはできなくなったのです。

4　舒明天皇が建てた九重の塔は本当か

舒明天皇六年（六三四）八月から一三年（六四一）一〇月一三日の舒明が亡くなる日までの「舒明紀」をまとめると次の通りです（〔〕内は筆者註）。

六年の八月長星《ながきぼし》が南方に見えた。時の人は彗星《ほうきぼし》と言った。七年三月には彗星が巡って東方に見えた。七月は百済の客を朝廷に招いて饗応した。この月めでたい蓮が剣池《つるぎいけ》〔橿原市石川町の石川池〕に生えた。一本の茎に二つの花が咲いた。八年正月一日に日食があった。

八年六月岡本宮に火災が起こり、天皇は田中宮〔橿原市田中町か〕に移り住んだ。七月大派王《おおまたのおおきみ》〔敏達天皇の子〕は豊浦大臣〔蝦夷のこと〕に「群卿及び百官は、参朝をすっかり怠っている。今後は卯《う》時の始めに参朝、巳《み》の時の後に退朝させせよ。そうしてそれを鐘で知らせることを規則とせよ」と言った。大臣蝦夷は従わなかった。

この年国中の人が飢えた。九年二月二三日大きな星が東方から西方に流れ、雷のような音がした。時の人は「流星の音だ」と言った。または「地雷《つちいかずち》だ」と言った。僧旻は「流星ではない。これは天狗《あまぎつね》である。その吠える声が雷に似ているだけなのだ」と言った。一〇年九月長雨が降り、桃や李《すもも》の花が咲いた。

一一年正月二五日長い星が西北西に見えた。すると僧旻が「彗星である。これが見えると飢饉になる」と言った。この年の七月「今年、大宮と大寺を建造したい。百済川の傍らを宮の場所にしよう」と言った。

こうして西の民は宮を造り、東の民は寺を造った。九月唐に留学した学問僧恵穏《えおん》・恵雲《えうん》が新羅の送使に従って帰国した。一二月伊予湯宮〔道後温泉〕に行幸した。この月に百済川の側に九重塔を建てた。

一二年四月天皇は伊予から帰り、厩坂宮《うまさかのみや》〔橿原市大軽町〕に滞在した。一〇月一一日唐から学問僧清安・学生高向漢人玄理《たかむくあやひとげんり》が新羅を経て帰国した。この月天皇は百済宮〔北葛城郡広陵町大字百済か〕に移った。

一三年一〇月九日天皇は百済宮で亡くなった。一八日宮の北に殯《もがり》す〔埋葬や火葬などして葬るまでの間、死者を仮の喪屋で弔うこと〕。これを百済の大殯という。この時東宮開別皇子〔中大兄皇子〕が年齢一六歳にして誄を申し述べた。

5　東に金堂、西に塔、南に回廊の法隆寺式伽藍の吉備池廃寺

一九九七年（平成九）二月二八日の朝日新聞は、発掘調査中の奈良県桜井市の吉備池廃寺から百済大寺の金堂跡とみられる遺跡が発見されたと発表しました。この新聞発表は奈良国立文化財研究所（以下奈文研）と桜井市教育委員会による第八九次調査報告書にもとづくものです。

吉備池廃寺は橿原市との境に近い桜井市吉備にあります。吉備池は今農業用の溜池ですが、池の西と南側は水田から二メートルも高い土手に囲まれて東西に長くなっています。奈文研が百済寺の金堂跡と判断する理由は、塔の基壇が巨大で一豪族の氏寺とは考えられないからです。

奈文研は舒明天皇が百済大寺を建て始めた六三九年と瓦の年代が一致していることや、百済寺が建

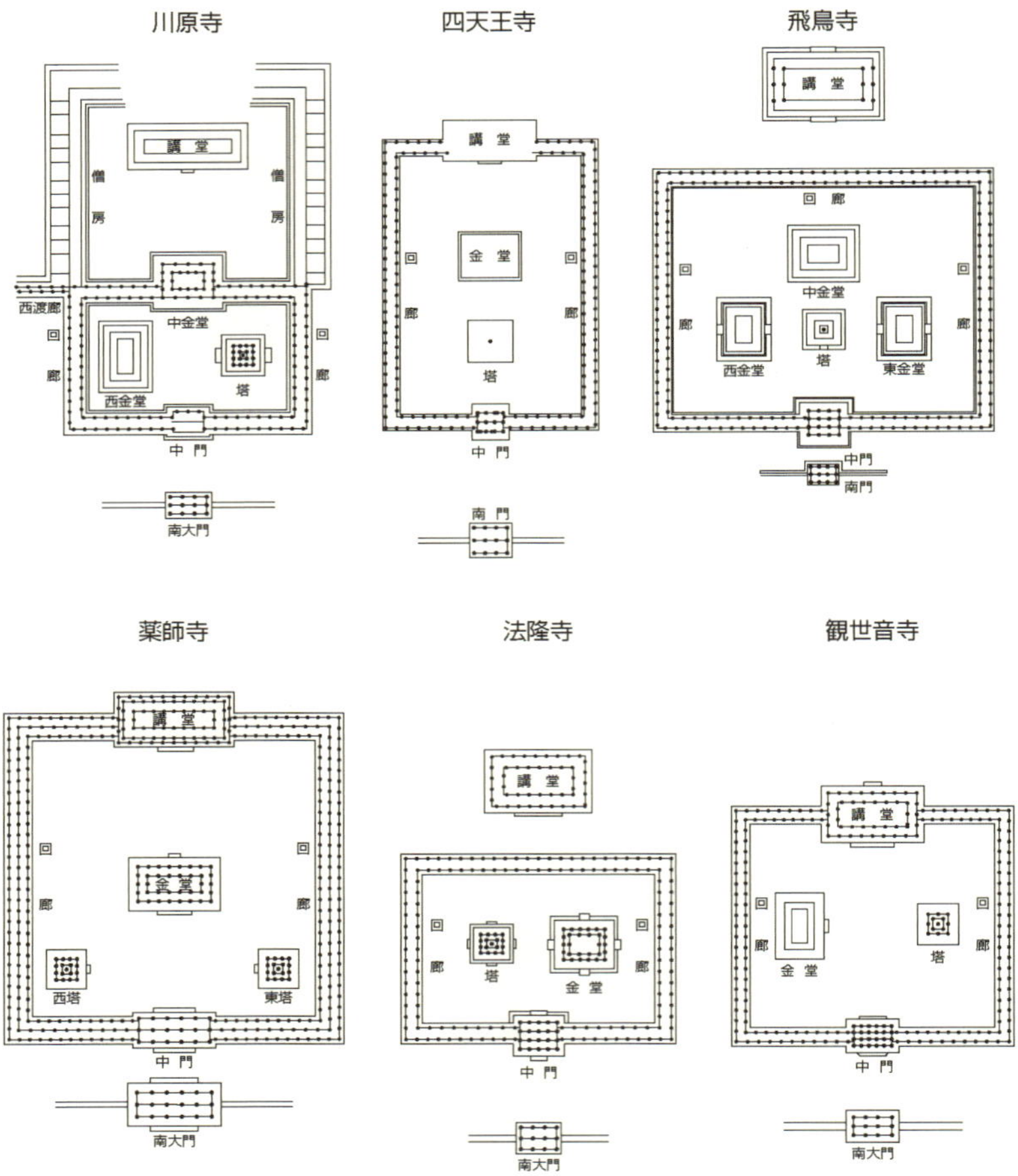

主要伽藍配置〔『馬子の墓』より〕

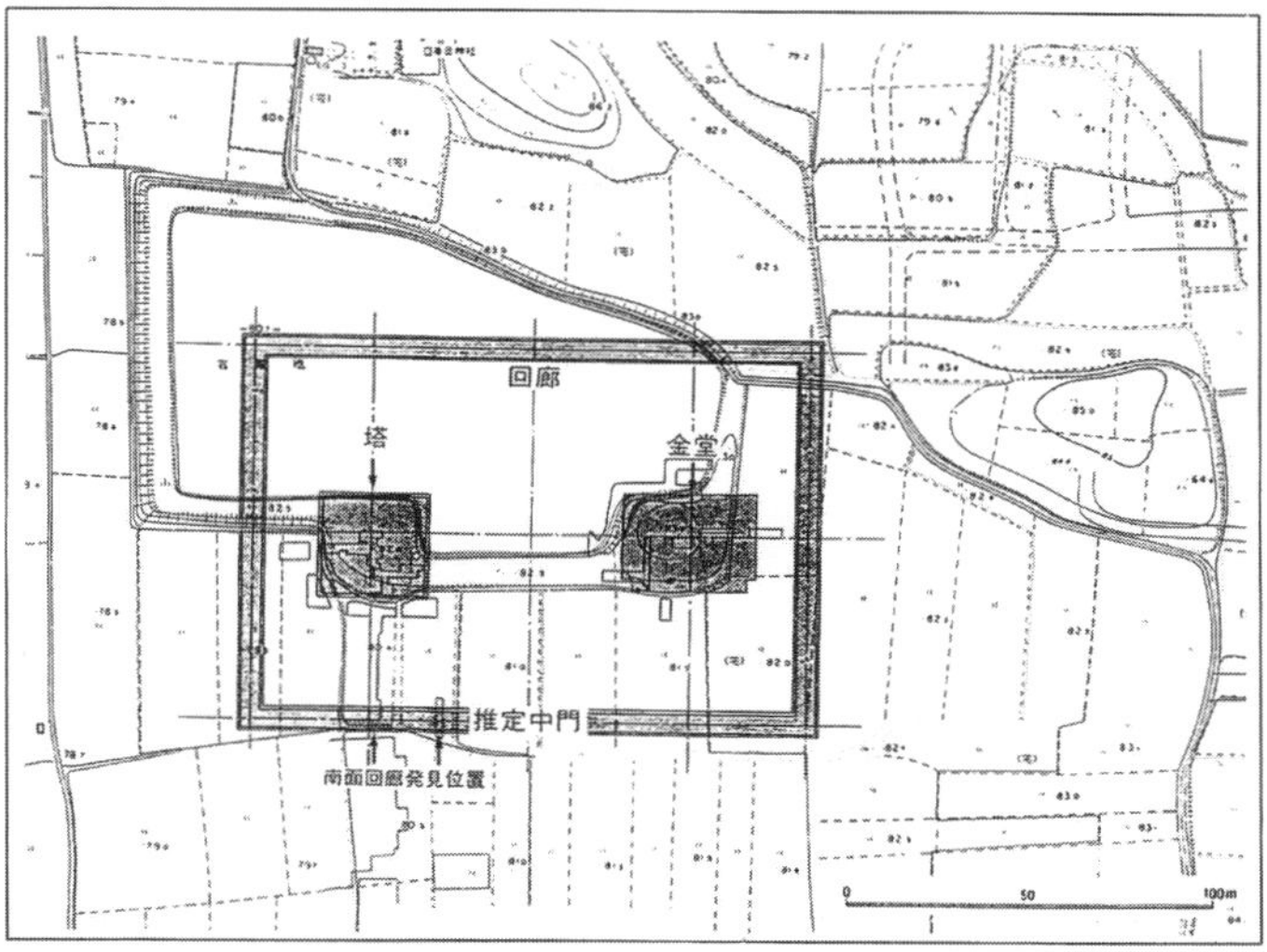

吉備寺廃寺の法隆寺式伽藍配置の発掘調査図

築後しばらくして移築されたので瓦の出土量が少ないという事実から舒明天皇が造った百済大寺＝九重の塔の可能性が高いと判断しました。

それでは池の中央南辺に位置する土壇は何を意味しているのでしょうか。この土壇は金堂跡から西五五メートルの地点にありました。南辺の土壇の解明と回廊など建物の確認調査が一九九八年一月から三月までの主要な目的です。しかしすでに地中レーダー探査で土壇上部は固くしまっている反応が出るので塔基壇の可能性は大です。結果は版築方法による積み上げ式の基壇でした。

蘇我馬子が造った飛鳥寺の塔の基壇も版築方法（版築方法とは板で枠をつくり、土を盛り、一個ずつ杵などで突き固める方法）によるものです。吉備池廃寺の塔基壇の一辺は三〇メートル四方、高さが二・一メートル以上もあります。しかも基壇の中央に塔の基礎石となる心礎が抜き取られている穴があったので、そこが塔の礎石があった場所であることが確認されました。そしてさらに塔基壇南方三〇メートルの所で回廊と思われる痕跡がみつかりました。東に金堂、西に塔、南に回廊の法隆寺式伽藍配置です。

蘇我氏研究者門脇禎二が『明日香風』に書いたエッセイ「吉備池廃寺(百済大寺)像の視覚」によりますと、門脇は猪熊兼勝(当時、奈文研の飛鳥藤原宮跡調査部長)から吉備池廃寺の発掘現場に招かれ、「出土した軒瓦の文様が斑鳩の若草伽藍と同笵で、同型式の山田寺の瓦よりも古い」という説明をうけます。しかしこの時、門脇禎二はなんとなく違和感を覚えます。

門脇禎二は瓦が証明する年代と自分がイメージする文献史学上からの知識とのギャップを感じ取ったのでしょう。正直なところ吉備池廃寺の巨大な土壇を見て納得しきれないものがあったに違いありません。それは場違いというか、唐突というか、また発掘現場の寂しさからかもしれません。

納得しきれないということは、蝦夷・入鹿の権勢が絶頂期のころ、果たして舒明・皇極がこのような巨大な寺を建てることができるだろうかという想いです。門脇がエッセイの中でそのようなことを直接に言っているわけではありません。しかし『日本書紀』の記述による状況からしても門脇禎二でなくともそう想うのは自然で、かつ合理的です。

第3章　蘇我蝦夷は大王だった

1　『日本書紀』の虚構を指摘した作家坂口安吾

歴史学者・考古学者そして多くの知識人・文人・作家のなかで坂口安吾（一九〇六―五五）だけは、蘇我蝦夷と入鹿が大王（天皇）であることに気づき、そのことを堂々と発表しました。

『日本書紀』は焼けようとした「国記」を船史恵尺《ふねのふびとえさか》が取り上げて、中大兄皇子に捧げたと書いているが、事実はあべこべでそれを焼いてしまったのは、中大兄や鎌足だったと、安吾は自信たっぷりです。異様にざわめきたっているのは「皇極紀」であることに気がつけば、『日本書紀』成立の理由がわかると、安吾は次のように語っています。

入鹿蝦夷が殺される皇極天皇の四年間だけでなく、その前代の欽明天皇の後期ごろから何千語あるのか何万語あるのか知らないが、夥《おびただ》しく言葉を費やして、なんとまア狂躁にみちた言々句々を重ねているのでしょうね。

文士の私がとても自分の力では思いつくことができないような、いろんな雑多な天変地異、妖《あや》しげな前兆の数々、悪魔的な予言の匂う謡の数々、血の匂いかね。薄笑いの翳《かげ》かね。すべてそれはヒステリイ的、テンカン的だね。それらの文字にハッキリ血なまぐさい病気が、発作がでているようだ。なんというめざましい対照だろう。

法王帝説の無感情な事実の記述は静かだね。冷たく清潔で美しいや。それが事実というものの本体が放つ光なんだ。書紀にはそういう清潔な、本体的な光はないね。なぜこんなに慌しいのだろうね。テンカン的でヒステリイ的なワケはなんだろう。それは事実をマンチャクしているということさ。（彩流社刊『アマテラス誕生』「まえがき」参照）

さて、それでは「舒明紀」以上に天変地異や童謡《わざうた》の多い「皇極紀」から蘇我入鹿による山背大兄皇子（聖徳太子の子）殺害と、中大兄と中臣鎌足による乙巳《いっし》のクーデター（六四五）まで私見を交えつつ検証していくことにしますが、まずは『日本書紀』巻第二四天豊財重《あめとよたからいかし》日《ひ》足姫《たらしひめ》天皇（皇極）の即位前紀に書かれている皇極の系譜から始めることにします。

天豊財重日足姫天皇は渟《ぬ》中《な》倉太珠敷《くらのふとたましき》天皇の曾孫で押坂彦人大兄皇子の孫であり、茅渟王《ちぬのおおきみ》の娘である。母は吉《き》備《び》姫王《ひめのおおきみ》という。天皇は古道《いにしえのみち》を遵奉《じゅんぽう》して政治を行った。息長足日広額天皇（舒明）の二年に皇后となった。

この系図からわかることは皇極は吉備姫王と茅渟王の娘です。すると皇極の母の吉備姫王は欽明天皇の子桜井皇子の娘であることもわかります。『日本書紀』欽明天皇即位前紀によれば欽明は宣化天皇の娘石姫《いしひめ》を皇后として箭田珠勝大兄《やたのたまかつおおえ》皇子と訳語田渟中倉太珠敷《おさだのぬなくらふとたましき》皇子（敏達）を生みます。

また同欽明二年三月条によれば欽明天皇は五人の妃をいれ、さらに蘇我大臣稲目の娘で堅塩媛を后《きさき》として七男六女を生んでいます。その一子が橘豊日（用明天皇）、第四子が豊御食炊屋姫《とよみけかしきやひめ》、第一〇子が桜井皇子です。

欽明はまた堅塩媛の妹小姉《おあね》君と結婚して穴穂部間人《あなほべのはしひと》皇女（聖徳太子の妃）と泊瀬部皇子（崇峻天皇）を生みます。そして欽明と堅塩媛の子用明と欽明と小姉君の娘穴穂部間人が結婚して聖徳太子が生まれます。

すると欽明は蘇我系の堅塩媛・小姉君の間に用明天皇（馬子）・推古天皇・崇峻天皇など三人の天皇と孫の聖徳太子を輩出することになります。一方、欽明は継体の子宣化の娘石姫を皇后として敏達天皇が生まれています。

2　新旧二つの朝鮮からの渡来集団

蘇我系と継体系という言葉は欽明天皇の后・妃の姻戚関係が発端となっています。蘇我系も継体系のいずれも百済から到来した蓋鹵王の弟昆支王を始祖王とすることでは同族です。この蘇我系と継体系は在野の古代史研究者石渡信一郎の命題「新旧二つの渡来集団」の「新」（後に渡来した集団）のことで百済系渡来集団と言います。そして百済系渡来集団より先に倭国に渡来した集団を加羅系渡来集団と呼びます。

先述の通り欽明は宣化の娘石姫を后として敏達が生まれます。しかし宣化は父継体が倭の五王「讃・珍・済・興・武」の済の娘目子媛（母は珍の孫）と結婚して生まれた子です。崇神・垂仁＋倭の五王「讃・珍・済・興・武」はいわゆる加羅系渡来集団です。すると倭王済を祖父にもつ宣化は加羅系の色合いが濃いことがわかります。

日本古代国家の成立の史実を理解するためには、この旧の加羅系渡来集団（A）と新の百済系渡来集団（B）と、この二つの集団が渡来する以前の倭国に居住していた先住民（X）の三つの大きな枠組を考慮にいれなければなりません。

すると百済系の欽明（昆支晩年の子）がなぜ継体系の石姫を皇后とし昆支王蘇我系の堅塩媛・小姉君を后と妃にして皇位継承争いの種をまくようなことをしたのか、その理由を知ることができます。

欽明がワカタケル大王（稲荷山鉄剣銘文）と呼ばれているのは父昆支《こむき》（百済王蓋鹵王の弟）が応神と

も倭王武＝ヤマトタケルとも呼ばれていたからです。ヤマトタケル（倭王武）晩年の子ワカタケルは継体天皇が老衰で亡くなった直後に継体の子安閑（兄）と宣化（弟）を殺害し、大王の屯倉《みやけ》を全国各地に造って倭国を統一しました。欽明の和風諡号に「天国排開広庭《あまくにおしはらきひろにわ》」と付けられているのが何よりの証拠です。欽明が宣化の娘石姫を皇后としたのは継体系（旧加羅系）の諸豪族と和合するためです。また欽明が蘇我稲目の娘堅塩媛と小姉君の姉妹を妃としたのは、そもそも欽明は日十《そか》大王（隅田八幡鏡銘文、蘇我系豪族の始祖王）の直系ですから、蘇我系豪族の同意と了解を必要としたからです。

『日本書紀』は安閑・宣化を即位したことにしていますが、二人は欽明に殺害されたのですから即位するはずがありません。和合合一のため欽明は宣化の娘石姫との間に敏達を生みますが、蘇我系の堅塩媛との間に用明（馬子）も生まれます。即位順番としては年長の敏達→用明（馬子）の順です。

しかし敏達と馬子は母が異なる異母兄弟です。本筋からいえば、馬子は昆支大王直系の孫ですから潜在的に有力です。したがって彦人大兄（敏達の子）と馬子の即位継承の争いは父子相承か兄弟相承かの争いとなります。

物部守屋（敏達の子彦人大兄）と蘇我馬子（用明）の戦争（仏教を受け入れるかどうかに名を借りた皇位継承の争い）によって物部守屋（彦人大兄）は馬子に殺害されます。これによって蘇我馬子は仏教王として飛鳥寺や四天王寺や斑鳩寺（法隆寺）を建立し、蘇我王朝三代（馬子→蝦夷→入鹿）の始祖王となります。

蘇我王朝の始祖王となった大王馬子（用明）に殺された彦人大兄を父にもつ孤児の田村皇子が天皇

（大王）に即位できるはずがありません。ましてや皇極も皇后になれるわけがありませんし、そもそも百済大寺のような大寺を造るような力をもっていません。

『日本書紀』が女性天皇皇極を即位したかのように見せるためには、「いなかった」推古天皇と聖徳太子（馬子・用明の分身）を「いた」かのように書かなければならなかったのです。皇極即位の前例として架空の女性天皇推古と皇太子聖徳太子をつくったのでしょう。

3　蘇我蝦夷と『金光明経』

皇極元年（六四二）二月二二日天皇は高麗・百済の客を難波郡《なにわのこおり》で饗応します。大臣蝦夷は「津守連大海を高麗に使いさせよ。国勝吉士水鶏《くにかつのきしくいな》を百済に使いさせよ。草壁吉士真跡《まと》を新羅に使いさせよ。坂本吉士長兄を任那に使いさせよ」と命じます。この月は長雨が続きます。

四月八日百済の大使翹岐《ぎょうき》（義慈王の甥か子）が使者を引き連れて天皇に拝謁《はいえつ》します。一〇日蘇我大臣は畝傍《うねび》（橿原市畝傍）の家に翹岐らを呼んで良馬一匹・鉄の延べがね二〇本を与えます。しかし塞上《さいじょう》（義慈王の弟）だけは招きませんでした。

この月長雨が続きます。天皇（皇極）は五月五日河内国の依網屯倉《よさみのみやけ》の前に翹岐を招いて狩猟を見せます。五月二四日翹岐は妻子を連れて百済の大井（大阪府河内長野市大井か、または南河内郡太子町大井か）に引っ越します。そして亡くなった子を石川（富田林市河内長野市北部を流れる石川流域一帯）に葬ります。

六月も雨が降り続いた後この月に大旱魃《かんばつ》となります。この月客星《まらひとぼし》が月に入りました（星が月に入るのは凶事の予兆とされる）。七月二三日蘇我臣入鹿の従者（小姓）が白雀の子をつかまえ、この日の同じ時にある人が白雀を籠に入れて蘇我大臣に送ります。

七月二二日群臣が相談して「村々の祝部《はふりべ》（神主）の教えに従って、あるいは牛馬をころして諸々の神を祭り、あるいはたびたび市を移し、あるいは河の神に祈りましたが、まったく効果がありません」と告げます。大臣蝦夷が飛鳥寺の南で大雲経を読経しますが、『日本書紀』はその様子を次のように書いています。

蘇我大臣は「寺々で大乗経典を順に唱え読むがよい。仏の説が説かれた通りに罪過を悔い、仏を敬って雨を祈願しよう」と言った。

七月二七日大寺〔筆者註：『日本書紀』頭注は百済大寺とするが、馬子が建立した飛鳥寺〕の南側で仏と菩薩の像と四天王の像とを安置し、多くの僧を招請して大雲経などを読ませます。その時蘇我大臣は自分の手で香炉を取り、焼香して発願した。二八日わずかに雨が降ったが、翌日は雨を乞うことができず読経は中止になった。

八月一日天皇（皇極）は南淵の川上（飛鳥川の上流）に行幸し、四方を跪拝し天を仰いで祈った。すると雷が鳴り大雨がふった。ついに雨が五日間降り、天下をあまねく潤した〔ある本に五日間雨が降り続いて、稲・黍・小麦など九穀が実ったという〕。ここに国中の人民は皆喜んで万歳を唱えて「至徳の天皇である」と讃えた。

大臣蝦夷が僧侶たちに読経させた『大雲経』は『金光明経』と考えられます。『大雲経』は曇無讖《しん》（三八五―四三三）が『金光明経』などと一緒に訳した『大方経無想経』です。『大方経無想経』は『大雲経』『大涅槃経』『無想経』とも呼ばれていますが、国王の雨乞いに用いる経典であり、国王がこの経典にもとづいて祈雨の法会《ほうえ》を行えば、旱天《かんてん》の時は必ず雨が降り、大雨の時は必ず雨が止むと説かれています。

蝦夷が雨の祈願のため法会を行ったことについて『飛鳥仏教史研究』の著者田村円澄は次のように指摘しています。

旱天に際し、寺々で請雨の仏事法会を営むことができるのは「国王」ただ一人である。蘇我蝦夷が主宰した法会が、法興寺（飛鳥寺）の南側に「四天王像」を安置していることから推察すると、『金光明経』の経説にもとづく祈雨の法会であると思われるが、『金光明経』によれば仏に鎮護国家の祈願ができるのは「国王」ただ一人である。大臣とはいえ蘇我蝦夷が仏法による祈雨はまさに僭上《せんじょう》とされなければならない。

しかし蝦夷は大王であったからこそ祈雨の法会を行ったのです。『日本書紀』は蝦夷が葛城の高宮に自己の祖廟《そびょう》を建てて天子しか行うことができない八佾《やつら》の儛《まい》をしたとしてその「僭上」を責めています。大王馬子（用明）に王位継承権を奪われたことを隠す継体系王統の立場からすると、馬子の子蝦夷を大王とせず、蝦夷が大王として行った法会は「僭上」となるのは当然とも言えます。

4　蝦夷と入鹿の「双墓《ならびのはか》」

皇極元年九月三日天皇（皇極）は大臣蝦夷を招き「私は大寺を建立しようと思う、近江と越の丁《よぼろ》を徴発せよ」、一九日には「この月に起工して一二月までに宮殿を造ろうと思う。宮殿の用材を伐採させよ。東は遠江《とおとうみ》、西は安芸《あき》まで、宮殿を造る丁を徴発せよ」と命じます。そしてこの命令にエミシ数千人が付き従います。一五日大臣蝦夷はエミシを家に招待して自ら慰問します。

九月雲がないのに雨が降ります。一一月二日大雨が降り、雷も鳴ります。一一日天気がよく春のようです。一三日雷が一度北方で鳴ります。一二月一三日舒明天皇の送葬の礼を行います。小徳巨勢徳《こせのとこ》太臣《だのおみ》が大派王《おおまた》に代わって誄を述べ、小徳粟田臣細目が軽皇子（後の孝徳天皇、舒明の甥）に代わって誄を述べ、小徳大伴連馬飼が大臣蝦夷に代わって誄を述べます。一四日息長山田公が日嗣のことを誄中し述べます。
二一日息長足日広額天皇（舒明）を滑谷岡《なめだにのおか》（大和国高市郡冬野村。現在の明日香村か）に葬ります。
この年蘇我大臣蝦夷は自分の祖廟を葛城の高宮に建てて八佾の儛をして、次の歌を詠みます。

大和の　忍の広瀬を　渡らむと　足結手作《あよいたづく》り　越作らふも

また蝦夷は国中の民、あわせて一八〇の部曲《かきべ》（私有民）を徴発してあらかじめ（生前）に双墓《ならびのはか》を今木に造り、一つは大陵といい、もう一つは小陵といって入鹿の墓とします。死後、人を煩わすことのないようにと望んだのです。さらに上宮の乳部《みぶ》（皇子女の出産・養育にあたる人）を集めて墓地の労役とします。このことに怒った上宮大娘姫王《うえのみやのいらつめのひめみこ》は次のように嘆きました。

蘇我臣は国政をほしいままにして、多くの無礼をはたらいた。天に日は二つしかないように、国に二人の王はいない。どうして勝手にことごとく上宮の部民をつかうのか。

大臣蘇我蝦夷と入鹿の専横は比類なきものとして語られ、後世に語り継がれます。しかし八佾の儛や双墓の造築の記事は蝦夷が大臣ではなく大王ですから当然のことです。しかし『日本書紀』は蝦夷を大臣としているので、後の人に大きな誤解をもたらします。

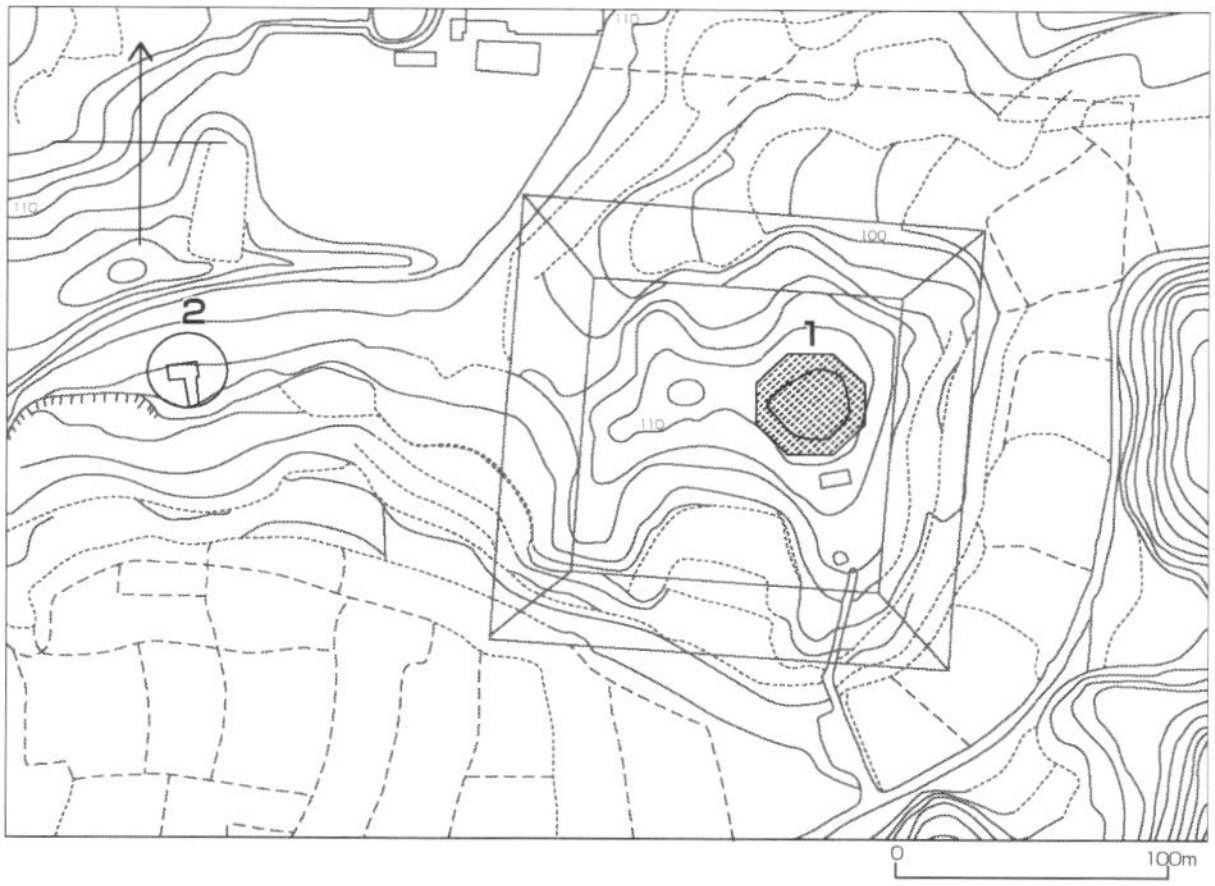

上から天武・持統天皇と俎・雪隠の図、航空写真、前景写真〔『アマテラス誕生』より〕

例えば「今木の双墓」は日本古代史の解明に大きな働きをした喜田貞吉《きたさだきち》（一八七一―一九三九。歴史学者）以来、曾我川対岸の御所《ごせ》市大字古瀬の水泥塚穴《みどろつかあな》古墳（蝦夷）と近くにある水泥南古墳（入鹿）とする説が有力でしたが、在野の古代史研究者石渡信一郎は「双墓」は奈良県高市郡明日香村の天武天皇と持統天皇の墓、すなわち野口王墓古墳（八角墳）としています。その理由は次の通りです。

大王蝦夷・入鹿の双墓とみられる巨大な墓は野口ノ王墓古墳をのぞいて檜隈《ひのくま》はもちろん日本全国どこにも存在しない。野口ノ王墓古墳は大王馬子の墓、石舞台古墳の近くにあり、蘇我大王家の直属の軍団は東漢《やまとのあや》の本拠地檜隈にある。大王墓の保全の意味から蘇我王朝の大王墓の造営地として最適である。

推古天皇二八年（六二〇）一〇月条に檜隈陵（平田梅山古墳）上に砂礫を葺《ふ》き、域外に土を積んで山を造り、各氏に命じて大きい柱を立てさせたとある。平田梅山古墳のハの字形の切込み遺構は、この行事が行われた時に造られたと思われる。

野口ノ王墓古墳の方壇部のハの字形の切込み遺構も蘇我王朝時代に造られたと考えられる。天武と持統の野口王墓の墓は蝦夷・入鹿の双墓の上に造営されたと推定できるが、六四五年の乙巳のクーデターの頃には方壇部の東北の一画に「大陵」と呼ばれた蝦夷の方墳が、西北の一画に「小陵」と呼ばれた太子入鹿の方墳が造営されていたと思われる（『蘇我王朝と天武天皇』「今来の墓＝天武天皇陵」参照）。

第4章　遥々に 言そ聞ゆる 島の藪原

1　蝦夷は紫冠を入鹿に授ける

皇極二年（六四三）正月一日の朝に五色の大きな雲が天を覆い、東北東の空は途切れていて青一色の霧が地表にたちこめました。二月一〇日大風が吹き、二〇日桃の花が咲き、二五日霰《あられ》が降って草木の花や葉を傷めます。

この月風が吹き、雷が鳴り雹《ひょう》が降ります。国内の巫覡《かんなぎ》らは雑木の小枝を折り取って木綿《ゆう》を掛け垂らして、大臣が橋を渡る時をうかがい、争って神託の微妙な言葉を述べます。巫覡の数ははなはだ多く、すべてを聞き取ることができません。

四月二一日筑紫の大宰が急使で「百済国主の子翹岐《ぎょうき》弟王子が調使とともにやって来ました」と報告します。五月一六日月食があり天皇は権宮《かりのみや》から飛鳥板葺新宮に移りました。六月一三日筑紫の大宰が急使で「高麗が使者を派遣してきました」と報告します。また「高麗は己亥《きがい》（六三九年＝舒明一一）

吉備姫王の猿石は明日香村埋蔵文化展示室〔明日香村大字飛鳥。甘樫丘北東 100 m。入場無料〕にそのレプリカを展示。

以来来朝しなかったが、今年になって来朝しました」と報告します。

同月二三日百済の朝貢船が難波津に停泊しました。七月三日数人の大夫を難波郡に派遣し、百済国の調《みつぎ》と献上物を点検させます。大夫たちは「進上した国への調は前例よりも少ない。大臣への贈物は、去年差し戻した品目と同じである。群卿らへの贈物もまったく持ってきていない。前例と違っている。この有様は何だ」と詰問します。大使達率自斯・副使恩率軍善の二人は「早急に準備いたします」と応じます。

この月茨田池《まんたいけ》の水が腐って口が黒く身が白い小さな虫が水面を覆い、八月になると池の水は藍汁《あいのしる》のようになりました。死んだ虫が水面を覆い、溝の流れも凝り固まって厚さ、三、四寸ほどになり、大小の魚が夏に爛れ死んだ時のように腐臭を放ちました。

九月六日息長足日広額（舒明天皇）を押坂陵に埋葬します〔筆者註：以前に葬った滑谷岡から桜井市大字忍坂の段ノ塚古墳（八角墳）に改葬する〕。同月一一日吉備島皇祖母命（皇極の母）が亡くなります。一九日吉備島祖母命を檀弓《まゆみの》岡陵〔筆者註：現在欽明陵に指定されている明日香村大字下半田にある檜隈坂合陵の西南の小円墳＝猿石か〕に葬ります。

皇極天皇二年（六四三）一〇月六日、大臣蝦夷は病気のために参朝しなかったが、ひそかに紫冠を子の入鹿に授けます。『日本書紀』訳者頭注は、「冠位一二階に伴う冠ではなく、大臣に伴う冠であろう」としています。しかし蝦夷は大王ですから冠位一二階の埒外にあり、この時、蝦夷は入鹿を大王の後継者として指名したのでしょう。

この月の一二日大臣入鹿は上の宮の王《みこ》（聖徳太子の子たち）を亡き者にして、古人大兄を立てて天皇にしようとします。古人大兄の登場はこれで二度目ですが、「舒明紀」即位前紀の「夫人蘇我島大臣の女法提郎媛、古人皇子を生む」が最初です。

蘇我氏の系図（二〇頁）からもわかるように入鹿と古人大兄と山背大兄（父が聖徳太子、母が刀自古郎女）は従弟《いとこ》同士です。「皇極紀」はこの古人大兄皇子を乙巳のクーデターまで蔭の主役として扱っていますので要注意人物です。例によって次のような童謡が挿入されています。

岩の上に　小猿米焼く　米だにも　食《た》げて　通らせ　山羊《かましし》の小父《おじ》

この童謡も『日本書紀』の編纂者以外にはほとんど意味不明です。童謡に続く割注には「蘇我臣入鹿は、上宮の王たちの威光があるという評判が天下に響いているのを深く憎んで一人分限を超えて奢り立つことを策謀したのである」とあります。

「上の宮」というのは山背大兄らが居住している斑鳩宮のことです。しかし入鹿が山背大兄らの威光を羨んだとしても大王蝦夷の子太子入鹿が従弟（同族）の古人大兄を王に立てるというのも腑に落ちない話です。

この年の一一月一日蘇我入鹿臣は小徳巨勢徳太臣・大仁土師娑婆連《はじのさばのむらじ》に命じて斑鳩宮にいる山背大兄王たちを襲撃させます。巨勢徳太臣は初出ですが、「皇極紀」四年（六四五）六月一二日のクーデター当日に「中大兄は将軍巨勢徳太臣に君臣の区別を賊党（クーデターに逆らう者）に説明させた」とあり、以後、クーデター派の主要人物として数回登場していますので、もともと境部摩理勢と同じように蝦夷・入鹿と同族です。

巨勢徳太臣らの襲撃に対して山背大兄の下男三成《みなり》（他に見えず）と数十人の舎人が防戦します。巨勢徳太臣は仲間の土師娑婆連が矢に当たって死んだのでいったん退却します。その間、山背大兄は馬の骨を寝室に投げ込んで、妃と一族を率いて生駒山に隠れます。三輪文屋君（未詳）、舎人田目連と娘、菟田諸石《うだもろし》（他に見えず）、伊勢阿部堅経《かたふ》（他に見えず）が付き従います。

巨勢徳太臣は山背大兄らが生駒山に隠れたすきに斑鳩宮に火を放ちます。灰のなかに骨を見つけて山背大兄王が死んだと思い、包囲を解いて退却します。山に隠れた山背大兄王は何も食べることができません。

そこで三輪文屋君が山背大兄に「深草屯倉に移動してそこから馬に乗って東国に行き、乳部《みぶ》を本拠にして戦ったらどうでしょうか」と勧めます。山背大兄は「お前の言うとおりきっと勝つだろう。しかし、身を捨てて国を固めることもまた丈夫《ますらお》ではないか」と応えます。

2 〝鼠は穴に隠れて生きるもので、穴を失えば死ぬ〟

ある人が山中に上の宮の王たちを見つけて蘇我臣入鹿に知らせます。入鹿は王の居場所を高向臣国押に告げ、「王を捕えよ」と命じます。しかし国押が「私は天皇の宮を守っているので外に出るわけにはいきません」と言うので、入鹿は自分で行こうとします。『日本書紀』はその時の様子を次のように書いています。

そこに古人大兄皇子が息を切らして駆けつけてきて「どこへ行く」と尋ねた。入鹿は詳しく事情を説明した。古人皇子は「鼠は穴に隠れて生きるもので、穴を失えば死ぬという」と言った。そこで入鹿は行くのをやめ、軍将たちを遣って生駒山を探させた。結局、見つけることはできなかった。

『日本書紀』訳者頭注は、古人大兄の「鼠は穴に隠れて……」云々の言葉を、次のように解釈しています。「入鹿の行動を鼠に譬えて、入鹿が自分の本拠を出て山背大兄を討ちに行くというようなことは、鼠が穴にいてこそ安全なのに穴を出て死ぬのと同じようだと、その危険なことを戒める」としています。

しかしある人がいう鼠は入鹿をさしているのでしょうか。〝窮鼠猫を噛む〟という諺《ことわざ》もあります。また入鹿は古人大兄を王に推している人物です。古人大兄が入鹿の面前で入鹿を鼠に譬えるようなことを言うでしょうか。

山背大兄は徳太臣の兵に追い詰められすでに〝袋の鼠〟です。鼠は山背大兄をさしているのではないでしょうか。山背大兄は『日本書紀』が作った架空の人物ですから生かすも殺すも自由です。

ちなみに『日本書紀』は「上宮」を山背大兄が住む斑鳩宮としていますが、上宮は大王馬子が居住する島宮（橘の宮）のことです。大王馬子を桃原墓（石舞台古墳）近くの島宮で亡くなったことが当時一般に知られていたので、聖徳太子（山背大兄の父）が上宮で亡くなったことにすると、大王馬子と聖徳太子が同一人物であることがすぐわかるので聖徳太子を斑鳩宮（現法隆寺）で亡くなったことにしたのです。したがって架空の聖徳太子の子山背大兄が斑鳩宮に居住していた話はフィクションということになります（拙著『法隆寺の正体』参照）。

ついに入鹿の軍兵が寺を囲みます。ここに山背大兄王は三輪文屋君に「私が兵を起こせば勝つことは必定である。しかし人民を殺傷したくないのだ。したがって我が身ひとつを入鹿に与えよう」と言い、ついに一族・妃妾と一緒に首をくくって死にます。

この時、五色の幡蓋《ばんがい》（天蓋）が種々の伎楽を伴って、空に照り輝いて寺に垂れ下がります。衆人は仰ぎ見て称嘆し、入鹿にこれを指し示しました。この状況を知らされたときの蝦夷の様子を『日本書紀』は次のように描写しています。

蘇我大臣蝦夷は山背大兄王たちがすべて入鹿に殺されたと聞いて、怒り罵って「ああ、入鹿は実に愚かで、横暴な悪事ばかり行ったものだ。お前の命も危ないのではないか」と言った。時の人は前の童謡の答えを解説して、「『岩の上に』は上宮を譬えている。『小猿』は林臣を譬えている〔林臣は入鹿である〕。『米焼く』は上宮を焼くことを譬えている。『米だにも食げて通らせ山羊《かま》の小父』は山背大兄の頭髪がまだらで乱れており、山羊《しし》に似ているので譬えたのだ」と言った。また「山背王が宮を捨てて深山に隠れたことの前兆である」と言った。

3　鎌子、蘇我倉山田麻呂の娘との結婚を進言

皇極三年（六四四）正月一日、中臣鎌子（鎌足）を神祇伯に任じますが、鎌子は再三固辞した上、病気と称して三島（大阪府高槻・茨木・摂津一帯）に籠ってしまいます。この時軽皇子（孝徳、皇極の実弟）は足を患って参朝しませんでした。鎌子は以前から軽皇子と親交がありました。それでその宮に参上しようとします。

軽皇子は鎌子が心栄えが優れており、立ち居振る舞いの犯しがたいことをよく知っていたので、寵

妃阿倍氏（阿部倉梯麻呂大臣の娘）に別殿を払い清めさせて新しい敷物を高く重ねて座席を設け、飲食物を十分に給仕させ、鎌子を特別に敬いあがめるもてなしをしました（訳者頭注に「軽皇子は寵妃を鎌子の側室として世話をさせたように思われる」とあります）。

中臣鎌子連はその待遇に「このように特別な恩沢を受けるとは、以前からの望みに過ぎたものである。皇子が天下の主となられるのに誰が逆らえようか」と感激します。すると孝徳の舎人は鎌子の言ったことを軽皇子に伝えます。この時の様子を『日本書紀』は次のように描写しています。

中臣鎌子連は真心のある正しい人で、乱れを正し救済しようとする心があった。そのために蘇我臣入鹿が君臣長幼の序（孟子による儒教の五つの道徳法則）を破り、国家を我がものにする野望を抱いていることに憤って、王の一族の人々と接しては次々に試し、成功できそうな明哲の主を求めた。そして中大兄に心を寄せたが、親しくないためにまだその深い思いを伝えることができないでいた。

たまたま中大兄が法興寺（飛鳥寺）の槻《つき》の木の下で打毬を行った時、その仲間に加わり、中大兄の沓《くつ》が毬《まり》に従って脱げ落ちるのをうかがって、それを掌中に取り持ち、前に進んで膝まづき、謹んで差し上げた。中大兄はそれに向き合い恭しく受け取った。

この時から互いに親密になり、思うところを述べ、隠し隔てはまったくなかった。また頻繁に接するのを他人が疑いはしないかと恐れて、二人とも手に書籍を持って、自ら周公・孔子の教え（儒教）を南淵先生のもとで学んだ。そうして往還の途中に路上で肩を並べてひそかに計画し、ことごとく考えが一致した。

冒頭の「中臣鎌子連は真心のある正しい人……」云々のトーンから藤原仲麻呂（恵美押勝、藤原不比等の孫。藤原武智麻呂の次男）による編纂・著の『藤氏家伝《とうしかでん》』（天平宝字四＝七六〇に成立）と内容が一致しています。言ってみれば藤原家の『家伝』であり、自画自賛の感がぬぐいきれませんが、初期律令国家の形成過程を知る上での歴史的価値は高いと言えるでしょう。

さてそこで中臣鎌子連は「大事を謀るのに助けがあるほうがよい。どうか蘇我倉山田麻呂の長女を召し入れて妃とし、姻戚関係を結んでください。その後に事情を説明して共に事を計りましょう。成功するにはこれが一番近道です」と中大兄を説得します。中大兄も大いに喜び、この提案をうけいれます。

中臣鎌子連はすぐに自ら仲人となって婚約を取り決めます。ところが長女が約束の夜に一族の者に連れ去られます（一族の者とは身狭臣（日向）をいう）。蘇我倉山田麻呂は途方にくれましたが、次女の遠智娘《おちのいらつめ》（持統天皇の母）が「どうぞ心配なさらないでください。私を進上しても遅くはないでしょう」と応えます。娘は忠誠心を持って仕えました。そして中臣鎌子は護衛として佐伯連子麻呂・葛城稚犬養連網田（二人とも乙巳のクーデターにおける蘇我入鹿の暗殺者）をつけます。

皇極三年（六四四）六月六日剣池《つるぎ》（孝元天皇陵の石川の池。橿原市）の蓮の中に一本の茎に二つの萼《がく》のある蓮がありました。豊浦大臣蝦夷は勝手に「これは蘇我臣の将来の瑞兆である」と言って金泥《きんでい》で記して大法興寺（飛鳥寺）の丈六の仏に献じました〔筆者註：飛鳥寺の丈六の仏像は大王馬子が鞍作鳥につくらせたもの。『日本書紀』推古天皇一三年（六〇五）四月一三日条参照〕。

4　意味不明の三首の童謡

皇極三年六月条の第八段から九段目にかけて秦河勝《はたのかわかつ》が駿河の国で起きた新興宗教を鎮圧する記事には童謡が三首挿入されているので次に引用します。

国内の巫覡《ふげき》らは雑木の小枝を折り取って木綿を掛けたらして、大臣が橋をわたる時をうかがい、争って神託の微妙な言葉を述べた。巫覡の数がはなはだ多く、詳しく聞き取ることができなかった。老人らは、「時勢が変化しようとする前兆である」と噂します。時に三首の童謡があった。

遥々《はろはろ》に　言そ聞ゆる　島の藪原《やぶはら》（第一首）

遠方《おちかた》の　浅野の雉《きぎし》　響《とよ》さず　我は寝《ね》しかど　人そ響す（第二首）

小林《をばやし》に　我を引《ひき》入れて　姧《せ》し人の　面《おもて》も知らず　家も知らずも（第三首）

この年の七月東国の不尽川《ふじのかわ》（富士川）のほとりの人大生部多《おおふべのおお》は、虫を祭ることを村人に勧めて、「これは常世の神である。この神を祭れば、富と長寿をもたらす」と言った。巫覡らは神託して「常世の神を祭れば、貧しい人は富み、老いた人は若返る」と言った。そうしてさかんに民に家の財産を捨てるように勧め、酒を並べ、薬・六畜《むくさのけもの》（馬・牛・羊・豚・犬・鶏）を路傍に並べて、「新しい富が入って来た」と呼ばせた。都の人も田舎の人も常世の虫を取って、神聖な座に置いて歌ったりして福を求め、珍宝を捨てた。しかしまったく益がなく、損害や出費のみが甚大であった。

ここで葛野《かどの》（京都市左京区）の秦造河勝《はたのみやつこかわかつ》は、民が惑わされているのを憎み、大生部多を討つ。かの巫覡らは恐れて祭りを勧めることを止めた。時の人は次のような歌を詠んだ。

太秦《うずまさ》は　神《かみ》とも神と　聞《きこ》え来《く》る　常世《とこよ》の神を　打《う》ち懲《きた》ますも

この虫はふつう橘の木や、山椒《ほそき》に生じる（「山椒」はここではホソキという）。長さは四寸余り、大きさは親指ほどで、色は緑色で黒い斑点があり、形は蚕《かいこ》に似ている。

この皇極三年（六四四）の記事と童謡からわかることは秦河勝が「太秦」と呼ばれていたことです。そこで『日本書紀』からあまりその実態が明らかではない秦氏に関係する記事を拾ってみます。まず気になるのは雄略天皇一五年（四七〇）と同一六年（四七一）条の次の記事です〔のちの説明のために便宜上、引用文にA・B・C……の記号を付します〕。

一五年秦民《はだのたみ》を臣・連らに分散し、各々の思うままに駆使させて、秦造《はだのみやつこ》には委《ゆだね》なかった。このために、秦造酒《はだのみやつこさけ》はたいそう気に病みながら天皇（雄略）に仕えていた。天皇は秦造酒を寵愛し、秦民を集めて公（秦造酒）に与えた。それによって秦造公は一八〇種のもの勝《すぐり》（村郷）を統率することになった。すなわち庸《よう》・調の絹・縑《かとり》（上質の絹織物）を奉献し、朝廷にたくさん積み上げた。そこで姓を禹豆麻佐《うずまさ》という〔一説に禹豆母利麻佐とは残らず満たして積んだ様子であるという〕。

一六年七月、詔して、桑に適した国県《くにあがた》に桑を植えさせた。また秦民を分離して移住させ、庸・調を献上させた。冬一〇月、詔して、漢部《あやべ》を集めてその伴造者《とものみやつこびと》を定め直《あたい》という姓を与えた〔一本に、賜うは、漢使主《あやのおみ》らに姓を与えて直というのであるという〕（A）。

この記事からわかることは秦氏が雄略朝に養蚕業をいとなみ、絹織物を生産していたことです。そして天皇から「直」という姓を与えられたこともわかります。時代が四〇年ほど新しくなりますが、推古天皇一一年（六〇三、癸亥）一〇月一日条の記事です。

皇太子（聖徳太子）は諸々の大夫たちに「私は尊い仏像をもっている。誰かこの像を引き取って礼拝するものはいないか」と言った。その時、秦造河勝は「私が礼拝いたします」と仏像を受け取った。そして蜂岡寺を造った（B）。

『日本書紀』訳者頭注によれば、引用の「蜂岡寺」は広隆寺・秦寺《うずまさ》（京都市右京区太秦蜂岡町）とも呼ばれ、実際の創建は推古三〇年（六二二）の聖徳太子が亡くなった年です。また「秦氏」について訳者頭注は山城《やましろ》の葛野（京都市左京区）を根拠地とし、河勝は秦氏の著名人であるとしています。

さらに秦氏については『日本書紀』応神天皇一四年（二八三）・同一五年（二八四）と同二〇年（二八九）の記事を次に引用します。

一四年春二月、百済王は縫衣工女《きぬぬいのおみな》を貢上した。名を真毛津《まけつ》という。これが今の来目衣縫《くめのきぬぬい》の始祖である。この年、弓月君が百済からやってきた。そうして「私は自分の国の人夫一二〇県分を率いて来帰しました。ところが、新羅人が妨げましたので人夫はみな加羅国に留まっています」と申し上げた。そこで葛城襲津彦《かつらぎそつひこ》を派遣して、弓月の人夫を加羅より召致されました。しかるに三年経っても襲津彦は帰還しなかった（C）。

二〇年秋九月、倭漢直《やまとのあやのあたい》の祖阿知使主《あちのおみ》とその子都加使主《つかのおみ》とが、共に一七県の自分の党類を率いて来帰した（D）。

応神天皇二〇年（二八九）を干支二運（六〇年×二運）繰り下げれば雄略天皇一三年（四六九）に当たります。その一年後の一四年（四七〇）に次のような記事があります。

一四年春正月一三日、身狭村主青《むさのすぐりあお》らは呉国の使者とともに、呉の献上した技術職人、漢縫《あやはとり》・呉縫《くれはとり》と衣縫の兄媛《えひめ》・弟媛《おとひめ》らを率いて住吉津《すみのえのつ》に停泊した。

三月、臣・連に命じて呉の使者を迎えさせ、呉人を檜隈野に住まわせた。よって呉原と名付けた。そして衣縫の兄媛を大三輪神に奉り、弟媛を漢衣縫部《あやのきぬぬいべ》とした。漢縫・呉縫・衣縫は、飛鳥衣縫部・伊勢衣縫部らの先祖である（E）。

この記事を七年さかのぼる雄略天皇七年（四六三）是年条には次のように書かれています。

天皇（雄略）は大伴大連室屋に詔して、東漢直掬《やまとのあやのあたいつか》に命じ、新漢陶部高貴《いまきのあやのすえつくりべこうき》・鞍部堅貴《くらつくりべけんき》・画部因斯羅我《えかきべいんしらが》・錦部定安那錦《にしごりべじょうあんなこむ》・訳語卯安那《おさぼうあんな》等を上桃原・下桃原・真神原（飛鳥一帯）の三ヵ所に移住させた〔ある本に吉備臣弟君は百済から帰ると、漢手人部・衣縫部・宍人部を献上したという〕（F）。

さらに雄略天皇七年〔四六三〕是年条を二年遡る雄略天皇五年〔四六一〕四月条に次のような驚くべき記事が挿入されています。なぜ驚くべき記事なのかは後に説明いたします。

夏四月に、百済の加須利君《かすりのきし》は〔蓋鹵王である〕、池津媛《いけつひめ》が焼き殺されたことを伝え聞くと、謀議して、「昔、女人を采女《うねめ》として貢上した。ところがまことに非礼で、我が国の名を汚した。今後、女を貢上してはならない」と言った。そして弟軍君《こにきし》に告げて〔昆支である〕、「お前は日本《やまと》に行き、天皇にお仕えしなさい」と言った。軍君は答えて、「王のご命令に背くことはできません。どうか王の妃を私に賜って、そのあとで私を日本に派遣して下さい」と答えた。

加須利君は、そこで妊娠している妃を軍君の妻とさせ、「私の妊娠している妃は、もう産み月に当たっている。もし途中で出産したら、一隻の船に乗せて、どこでもいいから、すぐに国に送り返してくれ」と言った。ついに二人は別れを告げ、軍君は日本に派遣された。

六月の一日に、妊娠していた妃が、加須利君の言葉通りに、筑紫の各羅島《かからしま》で出産した。そこで、その子を島君《せまきし》と名付けた。軍君は一隻の船で島君を国に送った。これを武寧《むねい》王という。百済人は、この島を主島《にりむせま》と呼ぶ。七月に、軍君は京に入った。すでに五人の子が生まれていた。〔『百済新撰』は次のようにいう。辛丑年《かのとうしのとし》に、蓋鹵王が、弟の昆支《こにきし》を派遣して、大倭に行かせ、天皇に仕えさせた。兄の王が日本と修交するためである〕（G）。

この雄略天皇五年（四六一）四月条（G）がなぜ驚くべき記事かと言いますと、この記事は百済蓋鹵王（在位四五五―七五）の弟昆支王が倭の五王の「讃・珍・済・興・武」の済に婿入りしたのち、倭国で大王となった倭武《ヤマトタケル》（＝記紀の応神天皇）であることを物語っているからです。

したがってA・B・C・D・Eの記事の「秦造公」「阿知使主」「都加使主」「技術職人、漢縫・呉縫」「衣縫の兄媛・弟媛」「新漢陶部高貴・鞍部堅貴・画部因斯羅我・錦部定安那錦・訳語卯安那」等々は、昆支王が倭国に渡来したときに引き連れてきた百済の技術者集団と考えてよいでしょう。これらそれぞれの技術者集団は明日香村（飛鳥）の上桃原・下桃原・真神原に住んで百済系倭王朝の創立に貢献したのです。

さて、冒頭の皇極三年の意味不明な童謡の話に戻ります。秦河勝が大生部多を討ったことについては、河勝が葛野に蜂岡寺（現在の広隆寺）を建てていることから、「河勝に仏教を代表させ、民間信仰的な道教を抑えたことをあらわす」（岩波版日本古典文学大系『日本書紀』）とみる説が有力です。

しかしこの記事の前の三首の歌の趣旨と、この記事の後に続く「蝦夷・入鹿が甘檮丘に家を建て、反蘇我勢力に対して防備を固めた」という当時の緊迫した状況からみても、『日本書紀』は蘇我王朝の存在を隠すために書かれた史書です。そのためか六四五年の乙巳《いっし》のクーデターを記録する「皇極紀」では『日本書紀』編纂者は天変地異や童謡を混ぜ合わせた異常な描写を駆使しています。

橘をアメノタリシヒコ（大王馬子）の象徴とみると、橘の木に生じる「常世の虫」は大王馬子の子蝦夷ということになります。「常世の虫」を祭ることが人々に損害を与えたということは、蝦夷が悪政を行ったことを意味し、この虫の祭りが終わることは蘇我氏宗家の支配が終わることを物語っています。

虫祭りを勧める巫覡たちは蘇我氏宗家を支持する勢力を指しています。秦河勝が大生部多を討ったということは、昆支系蘇我氏で大王馬子に重用された秦氏までもが反蘇我勢力に加わったことを示しています。

逆の見方をしますと、先の「東国の富士川」という言葉から蘇我王朝三代（馬子・蝦夷・入鹿）が全国的な規模で養蚕業を拡大していたと考えることができます。したがって「皇極紀」の常世の虫の話は反蘇我勢力の継体系王朝によって書かれた風刺物語と言ってよいでしょう。

なお、大臣蘇我馬子の死について『日本書紀』推古天皇三一四年（六二六）五月二〇日条に次のように書かれています。

大臣が薨《こう》じた。そこで桃原墓に葬った。大臣は稲目宿禰の子である。性格は軍略にたけ、また人の議論を弁別する才能があった。仏教を深く敬い、飛鳥川の傍らに家を構えた。そうして庭に小さな池を掘り、時の人は島大臣といった。

島大臣とも呼ばれた大臣蘇我馬子が大王アメノタリシヒコ＝大王馬子（用明）であることはこれま

で述べた通りです。「島大臣」の「シマ」は朝鮮語で「法師・僧」を意味します。したがって大王馬子は「法師大王」は「シマノオオキミ」と呼ばれていたと考えられ、馬子の分身聖徳太子に通じます。仏教王の百済武寧王（昆支王＝倭王武の子）が斯麻《しま》と呼ばれていたことがよい例です。

次章では『日本書紀』編纂者が六四五年の乙巳のクーデターをどのように描写しているのか検証します。

第5章　乙巳《いっし》のクーデター

1　作り変えられた入鹿暗殺の場面

皇極四年（六四五）六月八日、中大兄はひそかに倉山田石川麻呂（蘇我馬子の孫、父は蘇我倉麻呂）を招き「三韓が調を進上する日に、かならずお前にその上表文を読んでもらうつもりだ」と入鹿暗殺の謀略を告げます。

『日本書紀』はクーデターの日（六月一二日）、高句麗・百済・新羅の調使があたかもそろって献上したかのように記述していますが、大王入鹿が会おうとしたのは義慈王（在位六四一―六一）が派遣した百済の使者です。なぜなら義慈王は唐軍の高句麗侵略を入鹿に訴え、倭国に新羅を攻撃すべく援軍を要請する必要に迫られていたからです。

ところで皇極四年（六四五）六月一二日の入鹿斬殺の場面は次の通りです。

天皇（皇極）は大極殿に現れ、古人大兄が傍らに控えた。中臣鎌子連は蘇我入鹿臣が疑い深い性格で昼夜に剣を携えていることを知って、俳優《わざおぎ》を使って騙《だま》してその剣をはずさせようとした。入鹿は笑って剣をはずして入り、座についた。倉山田麻呂臣が玉座（天皇が座するところ）の前に進み出て三韓の上表文を読み上げた。

しかし天皇（皇極）・古人大兄・入鹿・中臣鎌子連・倉山田麻呂臣・俳優、そして暗殺者、三韓の使者たちの位置関係がきわめて不明確です。いったい、いつどこで鎌足が俳優に入鹿の剣を外すように指示したのでしょうか。しかも、肝心の中大兄の影も姿も見えません。

その時、中大兄は衛門府《ゆげいのつかさ》に命じて一斉に一二の通門をすべて封鎖し、衛門府（番兵）を一ヵ所に召集し禄を与えるふりをした。そうして中大兄は自ら長槍をもって大極殿の傍らに隠れた。中臣鎌子連たちは弓矢を持って中大兄を守護した。

倉山田麻呂は上表文を読み上げ終わろうとするのに、子麻呂がこないので不安になり、全身汗みずくになって声を乱し、手を震わせた。鞍作臣（入鹿）は不審に思って、「どうして震えているのか」と尋ねた。倉山田麻呂は「天皇のお側に近いことを恐れ多く、不覚にも汗が流れたのです」と答えた。

中大兄は子麻呂が入鹿の威勢に萎縮して、遠慮して進まないのを見て「やあ」と叱咤《しった》して子麻呂らと共に入鹿の不意をついて、剣で入鹿の頭と肩を切り裂いた。入鹿は驚いて立ち上がった。子麻呂は剣を振り回して入鹿の足を斬った。

入鹿は転がりながら玉座にたどりつき、叩頭《こうとう》（膝まずいて両手をつくこと）して「皇位に坐すべきは天の御子です。何の罪がありましょうか。どうかお調べ下さい」と言った。

天皇は「なぜこんなことをするのか」と言った。中大兄は「鞍作は天皇家をことごとく滅ぼして皇位を傾けようとした。どうして鞍作に代えられましょうか」と答えた。天皇はそのまま殿中に入った。佐伯連子麻呂と葛城稚犬養連網田は入鹿臣を切り殺した。この日、雨が降り、溢れた水で庭が水浸しになった。敷物や屏風で鞍作の屍を覆った。

ところが『日本書紀』訳者頭注は文中の「大極殿」について次のように書いています。「天皇が政務を総攬《そうらん》し、各種の儀式を執行する。その実存が遺跡と文献の両方から確認されるのは藤原宮以後で、飛鳥浄御原宮《あすかきよはらのみや》や孝徳・天武両朝の前期難波宮は不確実である。飛鳥板蓋宮《いたぶきのみや》にはまだこの名称はなく、書紀編者の修文か」。

つまり訳者頭注は「大極殿」は粉飾された言葉であると指摘しているのです。たしかに大極殿の場所や、天皇（皇極）・古人大兄・入鹿・蘇我倉山田麻呂・中臣鎌足・俳優・暗殺者、三韓の使者たちの場所や位置がきわめて曖昧模糊です。入鹿暗殺の場所は大極殿ではなくどこか他の場所に違いありません。もう少し『日本書紀』の入鹿殺害の場面を追ってみます。

2 「韓人が鞍作（入鹿）を殺した」と古人大兄

皇極天皇の嫡子にして皇太子の中大兄が外交上重要な三韓（高句麗・百済・新羅）の儀式に列席していないのも奇妙です。「中大兄は自ら長槍をもって大極殿の傍らに隠れた」とあるので、中大兄が倉山田麻呂の上表文を読む場にいなかったことは明らかです。

この儀式が本当にあったとしても倉山田麻呂が上表文を読む場にいた可能性が高いのは入鹿と古人大兄とだけです。首謀者の一人中臣鎌子（鎌足）は中大兄の守護兵として大極殿の傍らに隠れていたからです。そもそもこの三韓の儀式は「なかった」と考えた方が自然です。

この日入鹿の屍《しかばね》を見た古人大兄は、「韓人《からひと》が鞍作を殺した（韓の政事によって誅殺された）。私は心が痛む」と言って家に閉じこもってしまいました。一方の中大兄は法興寺（飛鳥寺）に入って砦とし、戦闘の準備に入ります。そして人を遣わして鞍作臣の屍を大臣蝦夷のところに引き渡します。

ちなみに入鹿の首塚は甘樫丘の東、飛鳥寺西門跡にポッツリ立っている高さ一メートルほどの五輪塔ですが、飛鳥寺の大仏（鞍作鳥作の釈迦三尊像が本尊）同様、今でも多くの観光客を集めています。

入鹿は蝦夷・入鹿の居城甘樫丘で殺害されたのではないでしょうか。『日本書紀』皇極天皇三年（六四四）一一月条に次のように書かれているからです。

蘇我大臣蝦夷と子の入鹿臣は家を甘樫丘に並べて建てた。大臣の家を上の宮門《みかど》と称し、入鹿の家を谷の宮門《はざま》といった。子は男女とも王子《みこ》と称した。家の外に砦の垣を作り、門の傍らに武器庫を作った。門ごとに水をいれた桶を一つと木鉤《きかぎ》を数十置いて、火災に備え、常に武器を携えて強力《ごうりき》の人に家を守らせた。

大臣蝦夷は長直《ながのあたい》（東漢氏から分かれた一氏）に命じて、「大丹穂山（高市郡高取町山丹谷の山か）に鉾削寺《ほこげでら》を造らせた。さらにまた畝傍山の東に家を建て、池〔孝元天皇の石川＝剣池か〕を造り、池を掘って砦とし、武器庫〔壬申の乱の小墾田の武器庫に通じる〕を建てて矢を貯えた。大臣は常時五〇人の兵士を引き連れて、身辺の警護をさせて出入りした。強力の人を名付けて東方《あずま》の儐従者《しとりべ》といった。この宮門に入って仕える氏々に人どもを名づけて祖子儒者《おやのこわらわ》といった。漢直《やまとのあたい》らはこぞってこの二つの門に仕えた。

四年春正月に丘の峰つづきや、川辺（飛鳥川か）と寺院（飛鳥寺か）の間などで、遥かに見えるものがあり、猿の呻《うめ》き声が聞こえた。

筆者は、入鹿は引用文中の甘樫丘の東方（明日香村豊浦、飛鳥川左岸）の入鹿の首塚のある飛鳥寺に近い入鹿の谷の宮門内か飛鳥寺西方遺跡《さいほう》で暗殺されたと考えます。当時なかった大極殿に一二の通門もあるはずはなく、あるとすれば入鹿の家の谷の宮門です。その宮門は東方儐従者《あづまのしとべ》らによって厳重に警護されています。

というのはこの飛鳥寺西方遺跡はこれまで多くの発掘調査が行われ、石敷、砂利敷、掘立柱、大型土坑、土管暗渠が確認されています。また『日本書紀』に斉明天皇は飛鳥寺西に須弥山《しゅみせん》の像を作り、辺境の民蝦夷や都貨羅人らに饗宴を催したと書かれています。

また壬申の乱（後述）の時に大友皇子側の軍営（武器庫）が置かれたと書かれています。そして乙巳の変（六四五）の前夜、蹴鞠をしていた中大兄皇子の脱げた靴を中臣鎌足が拾って皇子に差し出したという逸話の場所として登場する法興寺（飛鳥寺）の槻の樹（ケヤキの樹木）の下ではなかったとも推定されています（明日香村埋蔵文化財展示室パンフ）。

入鹿の首塚から甘樫丘の方を写す〔筆者撮影〕。

入鹿の宮門を通って入鹿の宮廷に入ることのできるのは古人大兄か親族の蘇我倉山田麻呂だけです。おそらく倉山田麻呂の手下の者が時を見計らって門外で待機していた中大兄ら暗殺者に通報したのでしょう。

この皇極三年一一月の記事は、「太秦は神とも神と聞こえ来る常世の神を打懲ますも」（皇極三年七月）に続く記事ですが、三年一一月の記事に続いて皇極四年六月八日の中大兄から蘇我倉山田麻呂への入鹿殺害（謀略）の伝達、そして同六月一二日の乙巳のクーデターへと緊密に連動しているからです。

入鹿が殺害されたことを知った漢直らは眷属《けんぞく》（一族）を全員集めて大臣蝦夷を助けようとしますが、中大兄は巨勢徳陀臣に漢直を説得させます。徳陀臣は兵を起こすことがいかに無益であるか漢直に説いたので、漢直はついに軍を解散させました。

この巨勢徳陀臣は舒明天皇が亡くなった時の大派王《おおまた》に代わって誄《しのびごと》をした人物ですが、入鹿の命令で山背大兄の斑鳩の宮に火を放った蘇我氏一族の長です。おそらく倉山田麻呂らと同じようにクーデター派に寝返ったのでしょう。

入鹿が殺害された翌日、蘇我臣蝦夷らは誅殺にあたって天皇記・国記・珍宝のすべてを焼却します。しかし船史恵尺（道昭の父）はとっさに焼かれようとしている国記を取り、中大兄に差し出します。この日蘇我臣蝦夷と鞍作の屍を墓に葬ることを許し、哭泣《ねっかい》することを許します。

ここにある人が第一の謡歌を解説して「その歌にいわゆる『遥々に言ぞ聞ゆる島の藪原』というのは、宮殿を島大臣の家に建て、そこで中大兄と中臣鎌足連とが、ひそかに大義を謀って入鹿を誅殺しようとしたとの前兆である」と言った。

第二の謡歌を解説して、「その歌にいわゆる『遠方の浅野の雉響《きざしとよも》さず我は寝しかど人ぞ響す』というのは、上宮の王《みこ》たちが温順な性格のため、まったく罪のないままに、入鹿のために殺された。自ら報いることがなかったが、天が人に誅殺させたことの前兆である」と言った。

第三の謡歌を解説して、「その歌にいわゆる『小林に我を引き入れて奸し人の面も知らず家も知らずも』というのは、入鹿臣が突然宮中で、佐伯連子麻呂と葛城稚犬養連網田のために斬られたことの前兆である」と言った。


第一の謡歌「遥々に言そ聞ゆる島の藪原」について『日本書紀』訳者頭注には「中大兄と鎌子は入鹿討伐の計画を南淵先生の許へ周孔（孔子の儒教）を学びに行く路上で相談するほど用心しているのであるから、中大兄が宮殿を島大臣（蘇我馬子）の家に接して作り、入鹿誅殺の謀《はかりごと》が聞こえてくるという。しかも〝遥々に〟という。この説きあかしは矛盾が多い。〝島の藪原〟を島大臣と結びつけた牽強付会《けんきょうふかい》による説明である」と書かれています。

『日本書紀』の記述が矛盾に満ちているのはいまさら驚くほどのことではありません。そもそも中大兄が大臣蘇我馬子に接して宮殿を造るはずはありません。大王馬子の宮殿に接して中大兄が家を造ったのであれば筋は通ります。

中大兄の父田村皇子（舒明の父）は仏教戦争で馬子に殺害された彦人大兄の子です。言ってみれば孤児同様の中大兄は、宮殿はおろか家（自宅）さえ造ることが困難であったと考えられます。おそらく青年期の中大兄は娘法提郎媛（馬子の娘、古人大兄＝大海人の母）を後見人とする役人として蘇我大王家の宮殿近くの宿舎に住んでいたと想像できます。

中大兄は「舒明紀」二年条に「葛城皇子《かつらぎのみこ》」と書かれています。おそらく幼少期は葛城皇子と呼ばれたからでしょう。しかしなぜ「葛城」でしょうか。実は別人に葛城皇子がいます。欽明二年三月条に次のような書かれています。

　欽明天皇の妃で堅塩媛の同母弟《いろど》小姉君《おあねきみ》（馬子の妹）は四男一女を生む。その一を茨城《うまらぎ》皇子という、その二を葛城皇子という、その三を埿部穴穂部皇女《はしひとのあなほべのひめみこ》という、その四を埿部穴穂部皇子という、その五を泊瀬部皇子《はつせべのみこ》という。

中大兄＝葛城皇子が前記引用の蘇我馬子とその兄弟姉妹の小姉君ら蘇我一族と縁もゆかりもないことは明らかです。中大兄＝葛城皇子が欽明と小姉君の子葛城皇子と別人であることは確かです。しかし推古三二年（六二三）一〇月条によれば大臣馬子は阿曇連と阿部臣摩侶を遣わして「葛城県《かつらぎのあがた》はもともと私の生まれた土地です。それゆえ、その県にちなんで姓名を付けています。永久に県を授かって私の封県としたい」と推古天皇に申し出ます。

天皇推古はこの馬子の要請を拒否しますが、推古自身が自分は蘇我氏の出自であると明言しているように、「葛城」は蘇我氏の本貫地（氏族集団の発祥の地）です。であれば蘇我馬子に殺害されて孤児となった彦人大兄の子田村皇子（舒明）を父に持つ天智＝葛城皇子は蘇我馬子の娘法提郎媛（古人大兄の母、天智にとって義母）の世話で葛城の地で幼少期を過ごしたか、あるいは一時葛城氏（蘇我系豪族）の養子になった可能性があります。

3　四天王寺の国宝太刀に刻まれた「丙子椒林」の四文字

ところで第三の謡歌の「小林」が四天王寺（大阪市阿倍野区）所蔵の太刀（国宝。反りのない直刀、刃長六五・八センチ。現在国立博物館に保存）に刻銘されている「丙子椒林《へいししょうりん》」と少なからず関係していることがわかりましたので、そのことについて私見を述べたいと思います。

この太刀は通説では聖徳太子が百済から献上されたことになっています。四天王寺の太刀が著名なのは刀剣の柄《つか》に接して「丙子椒林」の四文字が刻まれているからです。新井白石（一六五七—一七二五）が「丙子椒林」と読むまでは、大江匡房《まさふさ》（一〇四一—一一一一）によって「丙毛槐林」と読まれ、以来、物部守屋を斬った刀であるとか、「丙毛槐林」の四字は馬子大臣であるとかの諸説があります。

新井白石は「丙子」は太刀を造った年とし、「椒林」を太刀の工作者の姓名と推定します。

現在では新井白石の解釈が定説となっています。白石が考えたように「丙子」を干支の丙子とすると、刀の製作は推古天皇二四年（六一六）が丙子の年にあたります。

『日本書紀』によれば「丙子」の二年前の六一四年（推古二二＝甲戌）八月蘇我馬子の病気平癒のために一〇〇〇人の男女が出家しています。そしてその二ヵ月前の六月に犬上三田鍬《みたすき》と矢田部造《やたべのみやつこ》が大唐

（隋の意図的な誤り）に派遣されています。さらにその二年前の推古二〇年一月七日条には次のようなことが書かれています。

群卿《まえつきみたち》に酒をふるまって宴会《とよのあかり》（一月七日の人日の節句）が催された。この日、大臣（蘇我馬子）は酒杯を献じて歌を詠んだ。

やすみしし　我が大君の　隠《かく》ります　天の八十陰《やそかげ》　出で立たす　みそらを見れば　万代《よろずよ》に　かくしもがも　千代にも　かくしもがも　畏《かしこ》みて　仕え奉らむ　拝みて　仕えまつらん　歌づきまつる

天皇（推古）はこれに応えて次のように詠んだ。

真蘇我よ　蘇我の子らは　馬ならば　日向の駒　太刀ならば、呉の真刀《まさひ》　諾《うべ》しかも　蘇我の子らを　大君の　使わすらしき

天皇推古と大臣馬子の歌のやり取りに続いた後、皇太夫人堅塩媛を檜隈大陵（見瀬丸山古墳）に改葬する儀式が書かれています。

問題は「椒林」の二字です。「椒」は山椒のことです。常世の虫は橘の木や山椒の木に生ずると『日本書紀』は記しています。であれば常世の虫は蝦夷と入鹿を象徴的に言い表しています。大王馬子の宮は「橘《たちばな》の島の宮」と呼ばれています。橘と椒は同義語です。

では「椒林」は何を意味しているでしょうか。「山椒の木の林」あるいは「橘が多く生えている林」でも落ち着きません。いずれにしても「林」はキーワードです。重大な意味をもつ太刀の、最も目立つところに四文字に工作者の名を刻むのは常識では考えられません。

皇極紀二年（六四三）一一月の記事に山背大兄とその一族がすべて入鹿に滅ぼされたことを聞いて、蘇我大臣蝦夷が怒り罵《ののし》る場面があります。その時誰かが「岩の上に　小猿米焼く米だにも食げて通らせ山羊の小父」と歌います。この歌を時の人が解説しますが、『日本書紀』はその解説（歌の意味）を次のように書いています。

「岩の上に」は上宮を譬えている。小猿は林臣である（林臣は入鹿である）。「米焼く」は上宮を焼くことを喩えている。「米だにも食げて通らせ山羊の小父」は山背王の頭髪がまだらで乱れており、山羊に似ているので譬えたのだ」と言った。また「山背王が宮を捨てて深山に隠れたことの先兆である」と言った。

入鹿を含めて蘇我氏を林臣としているのは『日本書紀』の全巻を通して後にも先にもこの個所

と「天武紀」一三年（六八五）一一月の大三輪氏など五二氏に朝臣姓が与えられる記事に「林臣」が入っているだけです。小学館版『日本書紀』の訳者注釈によると「『姓氏録』左京皇別に林朝臣を石川朝臣同祖、武内宿禰《たけのうちのすくね》の後とする」とあります。

たしかに武内宿禰は蘇我氏の祖倭王武＝昆支王の分身・虚像と言われる伝説の人物です。入鹿が林臣と呼ばれていることから、「林氏」と「蘇我氏」の関係は濃密です。とすると「丙子椒林」の四文字が刻まれた太刀は当時大王であった馬子と太子の蝦夷に関係があります。先に述べたように丙子の年（六一六）馬子の病気平癒のため一〇〇〇人が出家しています。この人数は馬子が大王でなければありえない数です。

4　大王馬子のために作られた祭祀用の太刀

六一五年（推古二四）というと百済の武王（璋、在位六〇〇―六四一）の治世です。当時、武王は隋と高句麗との二股外交をもって新羅侵攻作戦を展開したため、隋の信頼を得ることができず、かつ隋の皇帝煬帝の滅亡も二年後に迫っています。武王の孤立感は深まるばかりです。しかも頼りにしている姻戚関係にある大王馬子は病気です。

もし「丙子椒林」の太刀が百済から贈られたものであるならば、百済武王が大王馬子の病気の平癒を願って贈ったものと推測することができます。百済武王にとって百済の孤立を救援するためには大王馬子しかいません。でなければ大王馬子か太子蝦夷のいずれかが作らせた可能性があります。法隆寺の釈迦三尊像光背銘のように天武・持統時代に刻銘したものをあたかも推古時代に刻銘したかのようにみせかけた金石文もあります。

ところで七世紀初頭に伎楽が仮面音楽のような形で倭国に入っています。先の皇太夫人堅塩媛の檜隈大陵（見瀬丸山古墳）への改葬の記事に続いて、百済人未摩之《みまし》が来朝して「呉に学んで伎楽を習得した」と言ったので桜井に住まわせて少年たちに伎楽の舞を習わせたと書かれています。

この堅塩媛の改葬の儀式に伎楽が催された可能性は十分あります。というのは現在でも毎年四月二二日に聖徳太子の命日を偲んで四天王寺最大の行事「聖霊会舞楽大法要」が開催され、六時堂石舞台で仮面（四天王寺に保存されている伎楽面）の舞踊劇が延々と行われ、多くの観客を集めているからです。

四天王寺の六時堂の前の「石舞台」が飛鳥の馬子の墓＝石舞台古墳と類似していることも四天王寺は大王馬子を追悼する寺であったことを思わせます。四天王寺の「丙子椒林」が伎楽用に制作されたものと考えれば、この太刀が大王馬子のために作られたと考えておかしくはありません。父馬子の病気快癒を祝って太子蝦夷が作った可能性があります。とすると「椒林」は太子蝦夷を意味する別名かもしれません。

または破天荒ではありますが、入鹿の林という姓は蘇我大王家の始祖王昆支が「ソカ」大王（隅田八幡鏡）と呼ばれ、その「ソカ」が、「日十」「早」「日下」などの漢字で表記されていることからも、「早」という漢字の訓読みの「はやい」が「はやし」となり、漢字の「林」と表記されるようになったと、私は想像したりします。

第6章　古人大兄＝大海人の正体

1　蘇我馬子の娘法提郎媛の子古人大兄

古人大兄については『日本書紀』舒明二年（六三〇）正月一二日条に次のように書かれています。

　宝皇女（皇極）を立てて皇后とする。后は二男一女を生んだ。一子を葛城皇子という〔近江大津宮御宇天皇《おうみのおおつのみやにあめのしたしらしめししすめらみこと》（天智天皇）である〕。二子を間人《はしひと》皇女という。三子を大海人《おおしあま》皇子という〔浄御原宮御宇天皇《きよみはらのみやにあめのしたしらしめししすめらみこと》（天武天皇）である〕。
　夫人蘇我島大臣の娘法提郎媛は古人皇子を生んだ（またの名は大兄皇子）。また吉備国の蚊屋采女を娶《めと》って蚊屋皇子《かやのみこ》を生んだ。

古人大兄皇子は『日本書紀』舒明紀二年の記事が初出で、舒明紀にはたった一回きり登場します。

この蘇我馬子大臣の娘法提郎媛の子古人大兄皇子ですが皇極紀には八回登場します。しかし一行か二行程度の謎の言葉を発するだけでその正体は皆目わかりません。

ところが中大兄と鎌足による皇極天皇四年の乙巳のクーデター（六四五・六・一二）による入鹿暗殺の場面では「韓人が鞍作臣《くらつくりのおみ》（入鹿）を殺した。私は心が痛む」という謎の言葉を残して私邸に閉じこもってしまいます。入鹿が蝦夷の子で蝦夷が蘇我馬子の子であるならば、古人大兄皇子と蝦夷は従弟関係になり、入鹿にとって古人大兄皇子は叔父にあたります。また古人大兄皇子は皇位継承者として葛城皇子（天智）と大海人皇子（天武）に続き第三番目です。

孝徳天皇即位前紀によればその古人大兄皇子に次のようなことが起きます。皇極天皇四年（六四五）六月一四日（クーデターの翌々日）、天皇（皇極）が中大兄（天智）に皇位を譲るべき旨を伝えたので中大兄は中臣鎌足にそのことを相談します。

すると鎌足は中大兄に「古人大兄は殿下（中大兄）の兄君です。軽皇子（孝徳）は殿下の叔父君です。今、古人大兄がいらっしゃるのに、殿下が天皇の位につかれたら弟として謙遜の心に反するでしょう。しばらくは叔父君（軽皇子）を立てて人民の望みにお応えするのがよいのではありませんか」と忠告します。

中大兄は鎌足の考えを母皇極に伝えます。そこで皇極は弟の軽皇子（孝徳）に皇位を譲ることにします。しかし軽皇子は「古人大兄命は先の天皇（舒明）の子です。年長でもあります。この二つの理由から天位につかれるのにふさわしいと存じます」と言って、古人大兄に譲ろうとします。

すると古人大兄は拱手《きょうしゅ》（両手を胸の前で合わせて行う敬礼）して「どうしてわざわざ私にゆずることがありましょうか。私は出家して吉野に入り、仏道修行を志し天皇をお助けしたいと思います」と言って、佩刀《はいとう》を解いて地に投げ出し舎人全員の刀を解かせます。

それから古人大兄は自ら法興寺（飛鳥寺）の仏殿と塔との間に詣で、髪と髯《ひげ》を剃り、袈裟《けさ》を着ます。ついに軽皇子（孝徳天皇）は固辞することができずに即位することになります〔筆者註：蘇我馬子が建立したと言われている飛鳥寺は塔を中心にして北・東・西に金堂があり、古人大兄は釈迦仏を本尊とする北の金堂（中金堂）と塔の間で釈迦仏を拝して剃髪します〕。

孝徳は即位にあたって中大兄を皇太子とし、阿部内麻呂を左大臣、蘇我倉山田石川麻呂（蘇我馬子の孫。蘇我倉麻呂の子。蝦夷は伯父、入鹿は従弟にあたる。兄弟に日向・赤兄・連子・果安がいる）を右大臣、中臣鎌子（鎌足）を内大臣とします。

2　中大兄に誅殺される吉野の古人大兄とはだれか

ところが孝徳からの即位懇願を辞退し飛鳥寺で剃髪する古人大兄の話は、天智の弟大海人が兄の天智から即位を勧められて吉野に籠《こも》る話とよく似ています。大海人皇子の出家する話は天智天皇一〇年（六七一）一〇月一七日条に次のように書かれています。

病気が重くなった天智天皇は東宮（大海人皇子）を病室に招き入れ、「私は重病である。後事をお前に託したい」云々と言った。すると東宮は再拝して、病と称してこれを固辞して受けず、「どうか天下の大業を大后（倭姫。古人大兄の娘）に付度《ふたく》なさり、大友皇子（天智と伊賀宅子娘の子）にすべての政務を執り行っていただくようお願いします」と答えた。

天皇（天智）はこれを許した。東宮は腰を掛け、髯や髪を剃り落として僧となった。ここに天皇は次田小磐《すいたおいわ》を遣わして袈裟を送った。一九日東宮（大海人）は天皇にお目にかかり、吉野に行って仏道修行をしたいと願い出た。天皇はこれを許した。東宮はすぐさま吉野にお入りになった。大臣たちは見送った後、引き返した。

『日本書紀』のこの天智天皇一〇年一〇月条の大海人皇子の吉野行きの話は、先の古人大兄が出家して吉野に逃避する話とよく似ています。しかしもし孝徳から皇位を譲ると言われて古人大兄が吉野に隠退する話が本当であるならば、天智は古人大兄の吉野行きを許す事はあっても、大海人の吉野行きを許すことはなかったと考えられます。

不可解なことがもう一つあります。皇極が長子の中大兄に皇位を譲ろうとして、中大兄は鎌足から年長の古人大兄がいるのに先を越すのはよくないのではと言われて、皇極にその旨を伝え、皇極は弟の軽皇子に皇位を譲ったことは先述しました。

不可解なこととは皇極→中大兄→軽皇子→古人大兄→軽皇子（孝徳）の皇位継承者の過程において、中大兄の実弟大海人や間人皇女が一切登場しないことです。何らかの理由で大海人が皇位継承者に不都合であっても中大兄（天智）と大海人（天武）の間に皇女の間人《はしひと》がいます。

推古や皇極の先例がありますから女性天皇でも即位可能なはずです。問題は大海人です。当時、大海人皇子はどこで何をしていたのでしょうか。影も姿も見えません。実は乙巳のクーデターから三ヵ月後の孝徳天皇大化元年（六四五）九月三日次のような事件が起こります。

古人皇子が蘇我田口臣川堀《そがのたぐちのおみかわほり》・物部朴井連椎子《もののべのえのいのむらじしい》・吉備笠臣垂《きびのかさのおみしだる》・倭漢文直麻呂《やまとのあやのふみのあたいまろ》・朴市秦造田来津《えちのはだのみやつこたくつ》と謀反を起こした〔ある本に古人太子という。またある本に古人大兄という。この皇子は吉野山に入ったので、あるいは吉野太子という。「垂」はここではシダルという〕。

一二日に吉備笠臣垂は「吉野の古人皇子は蘇我田口川堀らと謀反を企てております。私もその仲間に加わりました」と中大兄に自首する〔ある本に吉備笠臣垂は安倍大臣と蘇我大臣とに「私は吉野皇子の謀反に加わりました。それゆえ今自首しました」と申し上げたという〕。

中大兄は菟田朴室古《うだのえのむろのふる》・高麗宮知《こまのみやしり》に命じて、若干の兵士を率いて古人大兄の皇子らを討たせた〔ある本に阿倍渠曾倍臣《あべのこそへのおみ》・佐伯部子麻呂の二人に命じて、兵士三〇人を率いて古人大兄と子を斬らせた。その妃妾《みめ》らは首をくって死んだという。ある本に一一月に吉野大兄王が謀反を企て、事が発覚して誅殺されたという〕。

しかし古人大兄の謀反に加わった蘇我田口臣川堀・物部朴井連椎子・吉備笠臣垂・倭漢文直麻呂・朴市秦造田来津らが処罰されたという記事は見当たりません。

さらに奇妙なのは事件から八年後の六五三年（孝徳天皇白雉五）、謀反に加わった倭漢文直麻呂が高向玄理とともに遣唐使の一員として唐に派遣されていることです。しかも派遣時の判官《まつりごとひと》大乙上《だいおつじょう》書《ふみ》直麻呂の地位は一九階制の第一五です〔筆者註：大乙上は六四九年から六八五年まで日本で用いられた冠位です〕。また判官は令制四等官制（長官・次官・判官・主典）の第三位にあり、倭漢文直麻呂の職種は「書《ふみ》」とあることから文書・記録・通訳等にかかわる仕事と考えられます。

また六六二年（天智元）には朴市秦造田来津は百済救援軍の指揮官として登場し、翌六六三年（天智二）に白村江で戦死しています。物部朴井連椎子も六五八年（斉明四）一一月、王子有間《ありま》（孝徳の子）たちを捕らえた物部朴井連鮪《もののべのえのいのむらじしび》と同一人物です。

古人大兄の謀反に加わった四人のうち、三人が事件後の天智政権で重用されていることから、吉野に隠退した古人大兄が謀反を起し殺害されたとする孝徳天皇大化元年（六四五）九月条の記事は『日本書紀』による創作と考えられます。であれば古人大兄はクーデター後即位を辞退したが吉野に隠退することはなく、孝徳天皇（在位六四五―五四）のもとで太子の地位にいたと考えるのが自然です。馬子の娘法提郎媛と舒明との子古人大兄は継体系大王家（継体↓敏達↓彦人大兄↓舒明）におけるれっきとした皇位継承者の一人です。『日本書紀』は孝徳時代の太子を中大兄（天智）としていますが、長子の古人大兄より先に中大兄は太子になるつもりはなかったはずです。
というのは六六八年（天智七）に天智は古人大兄の娘倭《やまと》姫を大后としますが、大后は大王の娘かもしくは有力な王子の娘から選ばれるのが普通です。大王天智が背後に何の勢力ももたない古人大兄の娘倭姫を大后にするわけがありません。古人大兄は当時天智に次ぐ地位すなわち太子の地位にあったと考えられるからです。

3　『日本書紀』に異議を唱える在野の研究者

ところで一方で天智の実弟とされる大海人は一度舒明天皇二年（六三〇）正月一日条に登場して以来、三四年ぶりに王位継承者として天智天皇三年（六六四）二月条に「大皇弟」として登場しますが、その間、大海人はどこで何をしていたのでしょうか。

繰り返しますが、舒明二年（六三〇）条には「舒明と皇后宝皇女（皇極・重祚斉明）の間に生まれた第一子が葛城皇子（天智）、第二子が間人皇女、第三子が大海人皇子という。また舒明は夫人蘇我馬子大臣の娘法提郎媛との間に古人大兄を生む」と書かれています。

古人大兄と腹違い（異母兄）の天智は「舒明紀」や「天智紀」によれば六二六年に生まれ、四六歳（数え年）に死亡しています。ところが後に即位した天武（大海人）は「天武紀」に六八六年に死亡したと書かれ、生年や死亡年齢がいっさい記録されていません。実際、「舒明紀二年」の天智（兄）と天武（大海人）が兄弟とする記事に疑問をもつ在野の研究者が現れました。

佐々克明《さっさかつあき》（元朝日新聞記者。「天智・天武は兄弟だったか」『諸君』一九七四年八月号）は、天武の死亡年齢について『本朝皇胤紹運録《ほんちょうこういんしょううんろく》』（後小松上皇の勅命により成立。応永三三＝一四二六年に成立）が六五歳、『神皇正統記』（一三三六年から九二年にかけての南北朝時代に北畠親房によって成立）が七三歳と記していることから、六五歳説をとっても天武は舒明が死亡した六四一年に二〇歳であり、天智よりも四歳上になると指摘しました。

大王（天皇）の生まれた年や死亡年齢を明記しないことは、大王（天皇）の不都合なこと（出自や系譜、大きな事件）を隠すための『日本書紀』編纂者の常套手段です。例えば、『日本書紀』は欽明天皇（在位五四〇—七一）が昆支王＝倭王武の子であることや、辛亥のクーデターによる五三一年の即位を隠すために欽明の年齢について何も触れていません。『日本書紀』が天武の年齢について何も書いていないのは天武が天智より年上であることや天智と天武が母が異なる兄弟であることを隠すためと言ってよいでしょう。

天智・天武の年齢の矛盾を指摘した佐々克明（「天武天皇と金多遂」『東アジアの古代文化』一八号など）は、死亡年齢から計算すると天武の方が年上になること、天智の実の娘が四人も天武に嫁いでいること、天武が大海人として政治の舞台に登場するのが非常に遅いことなどから、天武を新羅王が人質として送った新羅の高官金多遂《こむたすい》（『日本書紀』孝徳天皇大化五＝六四九年五月条参照）とする説を唱えました。その後佐々克明は天武の年齢矛盾説をさらに発展させ、天智と天武は兄弟ではなかったという説を唱えます。

天智・天武の非兄弟説は、天武を高句麗の宰相泉蓋蘇文とする小林恵子（「天武は高句麗から来た」『別冊文藝春秋』一九九〇年夏号）なども同じです。高句麗の宰相泉蓋蘇文とは『日本書紀』皇極元年＝六四二年二月六日条（訳者頭注参照）に次のように書かれている「大臣伊梨柯須弥《いりかすみ》」のことです。〔筆者註：伊梨柯須弥は斉明六年（六六〇）七月一六日条の「新羅の春秋智は高麗の内臣蓋金に救いを願い出たがかなわなかった」とある高麗の内臣蓋金《こうこん》と同一人物であり、天智三年（六六四）一〇是月条の「この月高麗の大臣蓋金が本国で亡くなった」とある蓋金と同一人物です」。

　二月六日高麗の使者が難波津に停泊した。諸々の大夫《たいふ》たちを難波津に遣わして高麗国が貢上したものを調べさせた。使者は献上が終わると「去年の六月に、弟王子が亡くなりました。秋九月に大臣伊梨柯須弥が大王を殺し、あわせて伊梨渠世斯《いりこせし》ら一八〇人余を殺しました。そして弟王子の子を王とし、自分は親族都須流金流《つするこんる》を大臣としました」と申し上げました。

大和岩雄は天智が天武に娘を四人も嫁がせたのは天武が実の弟ではなく異父兄、つまり父は舒明（田村皇子）でなく、天武は皇極（宝皇女）が用明天皇の孫高向王と結婚していた時に生んだ漢《あや》王子としています（『古事記』と天武天皇の謎』）。

4　古人大兄＝大海人（天武）です

しかし石渡信一郎は、天武は『日本書紀』舒明二年（六三〇）一月一二日条に書かれている舒明が蘇我馬子の娘法提郎媛に生ませた古人大兄と同一人物であるとします。したがって天武と天智は母が異なる異母兄弟の関係にあるとし、次のように書いています。

乙巳のクーデターの前の『日本書紀』皇極天皇二年（六四三）一〇月条に蘇我入鹿が古人大兄を天皇にしようとしたとあるが、この一〇月は大王蝦夷が入鹿に王位を譲った月であるから即位したばかりの入鹿が、対立する継体天皇王統の古人大兄を大王にしようと考えるわけがない。

同じく一一月条に山背大兄王たちを捕らえに行こうとした入鹿に対して、古人大兄が「鼠は穴に隠れて生きているが、穴を出たら死んでしまう」と言い、入鹿の行くのを止めたとある。ふつうこの言葉は入鹿を鼠にたとえて、入鹿がもし本拠を離れたらどんな難に遭うかわからないと戒めたものと解されている。しかし大王入鹿を鼠にたとえることなど、当時の古人大兄にできるわけがない。この言葉も『日本書紀』編纂者が勝手に創作したものである（『天武天皇と蘇我王朝』参照）。

石渡信一郎の説が佐々克明・小林恵子・大和岩雄の説と大きく異なるのは、石渡説が蘇我馬子・蝦夷・入鹿は大王であったとしていることです。したがって推古天皇・聖徳太子も『日本書紀』が創作した仏教王馬子の分身・架空の存在であり、推古天皇死後の山背大兄皇子（聖徳太子の子）と田村皇子（彦人大兄の子）の後継者争いもフィクションです。

佐々克明・小林恵子・大和岩雄説が『日本書紀』の記述通りに舒明・皇極は即位したとしているのに対して、石渡説は舒明も皇極も即位していなかったとしている点で、三人の説と決定的に違います。

『日本書紀』が天武と天智の系譜を書き変えたのは、蘇我王朝三代（馬子→蝦夷→入鹿）の存在を隠すとともに、田村皇子（舒明）を父とすることでは同じである天智と天武（大海人）が継体系王統の皇位継承者であるためには、弟の天武が大王馬子の娘法提郎媛の子であることは極めて不都合です。中大兄（天智）が舒明天皇の葬儀で東宮（皇太子）として一六歳で誄をしたと『日本書紀』が書いているのもそのためです。

律令国家初期の並びなき指導者にして「記紀」の実質的なプロデューサーの藤原不比等が、『日本書紀』で天武天皇を、蘇我大臣馬子の外孫「古人大兄」と大海人の二人に分けたのは、継体系天武のために蘇我大王家と天武の間の血のつながりを否定するためです。

『日本書紀』用明天皇即位前紀に次のような記事があります。

橘豊日天皇（用明）は天国排開広庭天皇（欽明）の第四子である。母は堅塩媛という。天皇は仏法を信仰し、神道を尊重した。九月五日天皇は即位した。磐余《いわれ》に宮を造り、池辺双槻宮という。蘇我馬子宿禰を大臣と、物部弓削守屋連を大連とした。

一九日酢香手《すかて》姫皇女（『古事記』は須加志呂郎女）を伊勢神宮に召して日神の祭祀に仕えさせた〔この皇女はこの天皇の御時から炊屋姫天皇（推古）の御世に至るまで、日神の祭祀に仕えた。後に自ら葛城に退いて死去した。炊屋姫天皇にみえる。ある本に三七年間、日神の祭祀に仕えた。自ら退いて死去したという〕。

しかしこの記事は粉飾されています。用明天皇は大王馬子の架空の分身であり、大王馬子は『隋書』倭国伝の倭王アメノタリシヒコです。アメノタリシヒコの後宮《こうきゅう》に多数の女性がいます。ところが『日本書紀』本文の用明天皇の皇女は酢香手姫一人です。また大臣蘇我馬子の娘は法提郎媛だけです。であれば大王馬子＝用明ですから法提郎媛＝酢香手姫と考えるのが合理的かつ自然です。『日本書紀』は『元興寺伽藍縁起』や『法王帝説』を利用して敏達天皇七年（五七八）三月条に池辺皇子が菟道《うじ》皇女を犯したという虚構記事を書いていますが（実際は馬子が彦人大兄の妹を犯す）、『上宮記』逸文と『法王帝説』には、大臣馬子の娘で厩戸王の妻となり山背大兄の生母となったとされている「刀《と》自古郎女《じこのいらつめ》」という女性がいます。

『日本書紀』は『上宮記』と『法王帝説』を利用して山背大兄とその一族が蘇我入鹿に殺害されたと

する虚偽の記事を作ったのです。なお酢香手姫については用明天皇元年（五八五）正月条に次のように書かれています。

葛城直磐村が娘広子、一男一女を生む。皇子を麻呂子皇子といい、当麻《たぎま》公の先祖である。皇女を酢香手姫皇女という。三代を経て日神に仕えた。

また『古事記』用明天皇条には「この天皇、当麻之倉首比呂《たぎまのくらおびとひろ》の娘、飯之子《いいのこ》を娶って生ませる御子は当麻王《たぎまのみこ》。次に妹須加志呂郎女《すかしろのいらつめ》」とあります。また用明天皇即位前記の割注に次のように書かれています。

この皇女（酢香手姫）は用明天皇の御時から炊屋姫天皇（推古）の御世に至るまで、日神の祭祀に仕えた。後に自ら葛城に退いて死去した。炊屋姫天皇にみえる。ある本に三七年間、日神の祭祀に仕えた。自ら退いて死去したという。

酢香手姫を伊勢神宮の日神に奉仕させたという記事は虚構の類です。割注には酢香手姫は三七年間日神に奉仕したと書かれています。そうすると酢香手姫は推古二九年（六二一）まで伊勢神宮に奉仕したことになります。

斎王は独身でなければなりません。つまり『日本書紀』は酢香手姫＝法提郎媛が古人大兄の母であることを否定するために、酢香手姫の生年を三〇歳前後繰り上げて記録したのです。『日本書紀』が推古二九年（六二一）まで酢香手姫が子を生むことがなかったとしているのは、酢香手姫の子の古人大兄＝天武が六二二年に生まれたことを知らせる暗号とみてよいでしょう。

すると六二二年に生まれた古人大兄＝天武は六二六年に生まれた天智より四歳年長で六八六年天武は数え年六五歳で死去したことになります。

第7章　斉明天皇はなぜ即位しなかったのか

1　間人《はしひと》皇女の即位を隠す『日本書紀』

天武天皇の出自と系譜を創作した『日本書紀』編纂者は中大兄（天智）が即位前に妹の間人皇女の即位を隠しました。間人皇女は舒明天皇二年（六三〇）正月一二日条に「一を葛城皇子（中大兄）、二を間人皇女、三を大海皇子（大海人）と申す。夫人蘇我馬子臣の女法提郎媛は古人大兄を生む」と書かれている中大兄（天智）の実の妹です。また古人大兄＝大海人にとっては異母妹になります。

『日本書紀』には天智四年（六六五）条に「四月二五日間人大后《おおきさき》が薨去《こうきょ》、三月一日間人大后のために三三〇人を得度（出家）させた」と書かれていますが、天武天皇の危篤のときには二五〇人を出家させているだけです。また間人の殯の期間は天武と同じ二年間という大王なみの扱いです。

これから述べるいくつかの理由から間人皇女は斉明の死後ではなく、孝徳天皇の死んだ白雉五年（六五四）の翌年（六五五＝斉明元年）に即位したと考えられます。『日本書紀』は孝徳の死後、宝皇女

（皇極）が天皇斉明として重祚（ふたたび即位）したとしていますが、乙巳のクーデター（六四五）の時も宝皇女は天皇ではありません。蘇我入鹿が大王（天皇）だったからです。

また宝皇女の夫田村皇子（舒明）も大王ではなかったので、宝皇女が大后になる条件は何もありません。当時の大王は蘇我蝦夷であり、推古天皇が亡くなった後の田村皇子（舒明）と山背大兄皇子（聖徳太子の子）の後継者争いは『日本書紀』の創作だからです。

『日本書紀』は、乙巳のクーデター直後に中大兄が即位しなかったのは兄の古人大兄がいるからだと説明しています。しかし兄の古人大兄は吉野における謀反の罪で中大兄（天智）に処刑されたので、中大兄は孝徳の死後（六五四）すぐ即位してしかるべきです。ところがもう一人の有力な皇位継承者である大海人（実は母違いの兄古人大兄）がいるので即位できなかったのです。

病床の天智が大海人＝古人大兄を招き呼び皇位を譲ろうとして断られたことはすでに述べましたが、兄（大海人）と弟（中大兄）の兄弟王が即位を辞退したので中継ぎとして妹間人（孝徳の后）が即位する事態が生じたのです。

2　天智と天武をモデルにしたヲケ（弟）とオケ（兄）の物語

実は、記紀（『日本書紀』と『古事記』）には二人の兄弟、兄オケ（億計＝仁賢天皇）と弟ヲケ（弘計

＝顕宗天皇）という二人の王子が即位するまでの艱難辛苦の物語があります。この物語の豊青《とよあお》（飯豊）という王女は間人皇女の虚像（分身）、オケとヲケは天武と天智の虚像・分身として描かれています。『日本書紀』顕宗天皇即位前紀には次のように書かれています。

清寧天皇五年（四八四）正月に白髪（清寧）天皇が亡くなった。この月皇太子兄の億計（オケ王）は弟弘計（ヲケ王）と即位を譲り合った。そしてどちらも長らく位につかなかったためヲケ王の姉飯豊青《いいどよあお》皇女が忍海角刺宮《おしぬみのつのさしのみや》で朝政を執った。自ら忍海飯豊青尊《おしぬみのいいどよのあおのみこと》と名乗った。しかしこの年（四八四）一一月飯豊青皇女忍海尊が崩御、葛城埴口丘陵《かつらぎのはにくちのおかのみささぎ》に葬られた。一二月皇太子オケは璽《みしるし》を取り、「この天皇の御位は功ある者が就《つ》くべきです。貴い身分を明かして迎え入れられたのはみな弟の計らいです」と言って、天皇の位を弟のヲケに譲った。

そしてまた『日本書紀』編纂者は顕宗（ヲケ）天皇の即位までの模様を次のように書いています。

天皇（ヲケ）は自分が弟であることを理由にどうしても即位しない。「人の弟として尊ばれるのは、兄に仕え、難を逃れられるように紛争を解決し、自分は即位しないことである。即位するようなことがあれば弟としての恭順の義に背くことになる」とヲケ。

対してオケは「父（清寧）は私が兄であるという理由で天下の事を私に託された。しかし兄だからと言って、どうして先に即位することができましょうか。功績なく即位すれば必ず咎められ悔いることになる。天皇は長く空位があってはならない。天皇は譲ったり拒んだりするものではない」と即位を辞退した。

二人の兄弟王の即位までの物語は天武・天智をモデルにして創作されています。事実、中大兄と大海人＝古人大兄は祖父の押坂彦人大兄（田村皇子こと舒明の父）が蘇我馬子に殺害され、蘇我王朝（馬子・蝦夷・入鹿）の時代には孤児同様の父田村皇子のもとで成長します。しかし中大兄（天智）は中臣鎌足の協力を得て乙巳のクーデター（六四五）で王権を奪回します。

そして中大兄はオケとヲケの物語のように、天武＝古人大兄より先に即位し、天武＝古人大兄はオケと同じように弟ヲケの死後に即位します。オケ・ヲケが即位を長らく譲り合っていたために妹（一説には姉）の飯豊青皇女が政《まつりごと》をしたという話は、天武と天智が王位を譲り合っている間に妹（間人皇女）が即位した史実を反映しています。

飯豊青について『日本書紀』が「尊・崩・陵」と記しているのは、飯豊青（間人皇女の分身）が天皇またはそれに準じる地位にいたからです。『日本書紀』が飯豊青を「仮執政」としたのは天武と天智が王位を譲り合っている間に間人皇女が即位した史実をカモフラージュしたためです。

なお詳細は『馬子の墓』の第八章「誰が石舞台古墳を暴いたのか」をご覧いただければ幸いです。

3　藤原不比等が造った八角墳の舒明陵

『日本書紀』は孝徳→斉明（皇極重祚）→天智の即位順番にしていますが、斉明は即位していません。したがって夫の舒明天皇（田村皇子）も即位していません。間人皇女が六六五年（天智四）に亡くなった時も天武＝古人大兄は即位を固辞したので天智が即位したのです。『日本書紀』天智天皇六年（六六七）二月二七日条に次のように書かれています。

> 天豊財重日足姫天皇（斉明天皇）と間人皇女とを小市岡上陵《おちのおかのえのみささぎ》に合装した。この日皇孫の大田皇女を陵の前の墓に葬った。高麗・百済・新羅はみな葬列の通る道で哀《みね》の礼を奉った。

「斉明陵」は橿原市鳥谷《とりや》町の小谷南古墳（合葬墓）です。引用文にある「陵の前の墓」は大田皇女（天智天皇の皇女。母は蘇我倉山田石川麻呂の娘遠智娘）の小谷古墳です。

皇極は即位しませんが、六四五年の乙巳のクーデター後は中大兄の母（実母、皇祖母尊）として、また孝徳天皇（軽皇子）の姉、大海人＝古人大兄（馬子の娘法提郎媛の子）の義母として絶大な権力をもつことになったのです。即位することのなかった皇極ですが、その夫である舒明（田村皇子）の陵（墓）について『日本書紀』は次のように書いています。

一三年（六四一）一〇月九日百済宮《くだらのみや》で崩御された。宮の北で殯を行った。これを百済の大殯（盛大な殯）という。東宮開別《ひらかすわけ》皇子は年一六で誄をした。

この田村皇子こと舒明天皇ですが、生年はわかっていません。誄をした長子中大兄の年齢が記されているにもかかわらず、亡くなった父舒明の生年がわからないというのは奇妙です。しかも盛大に殯をしたという「百済宮」の所在地が奈良県北葛城郡広陵町大字百済とする説がありますが、確たる遺跡は見つかっていません。

ちなみに舒明天皇の陵について『日本書紀』皇極天皇元年一二月条には次のように書かれています。

息長足日広額天皇を滑谷岡《なめだにのおか》に葬った。この日天皇（皇極）は小墾田《おはりだ》宮に移られた〔ある本に東宮の南庭の権宮に移ったという〕。

滑谷岡は今の明日香村の冬野辺りとされていますが、ここも遺跡らしきものは見つかっていません。二〇一五年（平成二七）一月一六日付、新聞（朝日・読売）の一面に「奈良県高市郡明日香村川原の小山田遺跡で巨大な堀割が見つかった」という記事が掲載されました。発掘現場は蝦夷と入鹿の居城甘樫丘の南斜面に位置する明日香養護学校の校舎（建替の工事中）です。当時、小山田遺跡の被葬者について次のような意見が続出しました。

菅谷文則（橿原考古研究所長）「遺構は舒明天皇が改装される前の最初の葬地の可能性が高い」（朝日）、猪熊兼勝（考古学）「蝦夷・入鹿が甘樫丘の南端に舒明天皇を改葬させた」（朝日）、白石太一郎（大阪府立飛鳥博物館長）「七世紀前半から中ごろの飛鳥は蘇我氏の本拠地と張り合っていた舒明がそこに墓を造ったとは思えない」（朝日・読売）。

ところが最近テレビで、「小山田遺跡で巨大な石棺跡と日本最大の羨道《せんどう》（古墳の横穴式石室の玄室と外部とを結ぶ通路）跡が発見された」「この石棺は蝦夷か舒明天皇のものではないか」という報道がありました。

蘇我王朝三代（馬子・蝦夷・入鹿）の居城がある飛鳥に、即位しなかった舒明の巨大な古墳があるはずはなく、筆者はこの石室は大王馬子の亡きあとの蝦夷と後継者争いをした境部弟摩理勢の墓ではないかと想定します。なぜなら小山田遺跡が蘇我系豪族摩理勢の本拠地にして見瀬丸山古墳のある橿原市見瀬町、五条野町、大軽町に接しているからです。

このように田村皇子こと舒明天皇の生年や住居や陵が曖昧模糊としているのは、田村皇子が蘇我馬子に殺害された彦人大兄の子であり、大王馬子を後見人とする孤児同様の身寄りのない状況であったからです。

舒明天皇の墓（段ノ塚古墳、八角墳）は忍坂山《おしさか》（外鎌山）南麓を通る忍坂街道沿いの奈良県桜井市大字忍阪字段ノ塚（近鉄大阪線、大和朝倉駅下車）ですが、この地は神武天皇が熊野から大和に初めて作った〝忍坂の大室屋〟のあるすこぶる由緒ある地です。

八角形（天武・持統の墓も八角墳）の段ノ塚古墳はおそらく舒明を祖とする継体系王朝の元明天皇（在位七〇七―七一五）が時の権力者藤原不比等の協力を得て新たに造られたと考えられます。

ところで即位しなかった皇極こと斉明＝天豊財重日足姫《あめとよたからいかしひたらしひめ》天皇（皇祖母尊）ですが、『日本書紀』「斉明紀」にどのように描かれているでしょうか。その内容からもすこぶる興味のある物語がたくさん載っています。

『日本書紀』巻二六の「斉明紀」は一一段で構成され、その各段は次のように興味津々の内容になっています。

（一）　天皇、飛鳥板蓋宮に重祚す
（二）　造営と狂心の土木工事
（三）　有間皇子の陽（伴）狂
（四）　皇孫健王の薨去
（五）　有間皇子事件
（六）　比羅夫、粛慎・蝦夷を討つ
（七）　遣唐使の渡海、高宗謁見
（八）　百済滅亡、遺臣の奮闘
（九）　百済、日本に救援を求む
（一〇）　天皇、西征の海路につく
（一一）　天皇崩御と皇太子の挽歌

そのうち史実としてもおかしくない第七段から九段までの遣唐使の渡海、高宗謁見（第七段）、百済滅亡、遺臣の奮闘（第八段）、百済、日本に救援を求む（第九段）は全体の約五〇％を占めているので、筆者の知見を加えながら話をすすめていくことにします。

4　「斉明紀」に挿入された伊吉博徳の遣唐使物語

唐と新羅の連合軍によって百済が滅亡（六六〇）する一年前の斉明天皇五年（己未＝六五九）七月三日、大使従五位（大宝律令）相当小錦下《しょうきんげ》の坂合部連石布《さかいべのむらじいわしき》・副使大仙下《だいせんげ》津守連吉祥《つもりのむらじきさ》が第四次遣唐使として唐に派遣されます。そうして天子（唐の高宗）に見せるために道奥（陸奥）の蝦夷を同行させます。棒線（――）以下は伊吉連博徳《いきのむらじのはかとこ》の報告によるものです。この伊吉連博徳（壱岐博徳あるいは伊吉博得とも）は、孝徳天皇白雉五年＝六四九年二月の押使高向玄理、大使河辺臣麻呂、副使薬師恵日ら第三次遣唐使一行の記事の割注に次のように書かれています。

伊吉博徳は「学問僧恵妙は唐で死んだ。知聡は海で死んだ。知国も海で死んだ。智宗は庚寅の年（六九〇）新羅船で帰国した。覚勝は唐で死んだ。義通は海で死んだ。定恵（藤原鎌足の長男）は乙丑《いつちゅう》の年（六六五）に劉徳高の船で帰国した。妙位・法勝、学生氷連老人《ひのむらじおきな》・高黄金《こうおうこん》、合わせて一二人と、別に日本人との混血児韓智興・趙元宝は今年使者とともに帰国した」と言った。

この伊吉博徳は『日本書紀』訳者頭注によると『日本書紀』天武天皇一二年（六八三）一〇月五日

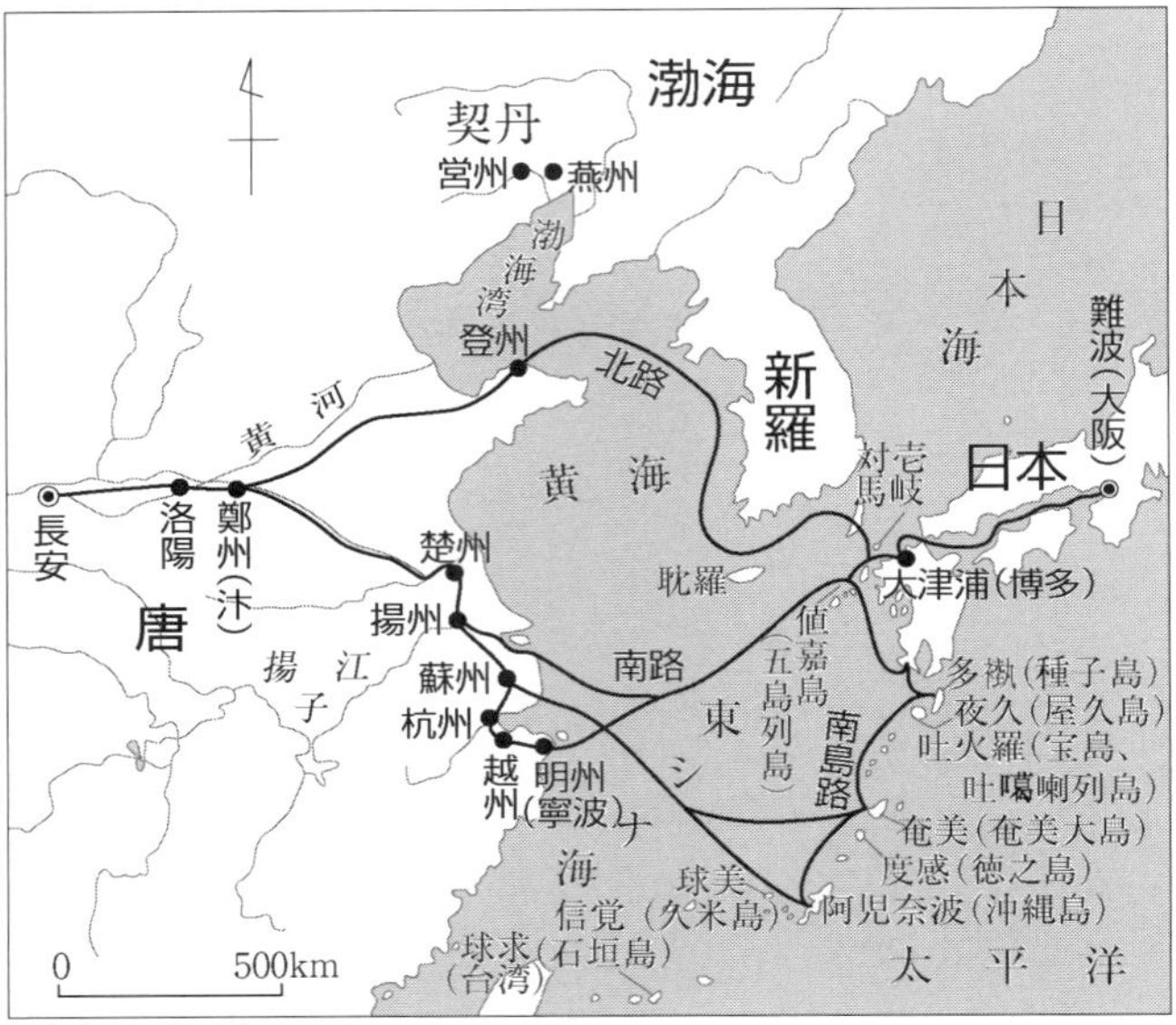

遣唐使航路図

条の一四氏の「連」賜姓《しせい》のなかに入っている「壱伎史《いきのふびと》」のことです。

　また伊吉博徳は「舒明紀」三年（六三一）一〇月条の唐からの使者高表仁らが難波に到着したとき難波の館に難波吉士と一緒に案内した伊岐史乙等《いきのふびとおつと》のことです。そして訳者頭注には『姓氏録』左京諸蕃に「出自長安人劉揚雍也」とあります。伊吉博徳については第10章でも取り上げることにします。

――坂合部連石布・津守連吉祥ら遣唐使一行は交戦中の新羅と百済の朝鮮半島西岸を北上する航路を避け、江南（長江の下流南岸地域）に直行する呉唐《くれとう》航路をとることにしました。いよいよ七月三日難波の大和川と淀川が合流する三津（御津、大阪市三津寺町付近）から大使坂合部連石布と副使津守連吉祥らが乗る二隻の船が出航します。

そして一ヵ月後の八月一一日筑紫（那津、福岡市博多港）を出発し、九月一三日百済南端の島に到着しますが、一行にとってはその島の名前さえわかりません。那津からその名も知らない島まで約一ヵ月要していることからも、おそらく台風に遭遇したので壱岐・対馬に停泊しながらの航海だったのでしょう。

一四日の寅時（午前三時から五時までの間）二船は相次ぎ大海に乗り出します。一五日の日没、大使坂合部連石布の船が逆風を受けて南海の島爾加委《にかい》（未詳）に漂着します。しかしその島で大使坂合部連石布らが島人に殺されました。

運よく助かった東漢長直阿利麻《やまとのあやのながいのあたいありま》、坂合部連稲積《さかいべむらじいなづみ》ら五人は島人の船を盗んで、括州（中国浙江省麗水）に到着します。州の役人が五人を洛陽（唐の都は長安。旧都洛陽を「陪京」として「東部」となす）に送り届けます。

一方、副使津守吉祥の船は一六日の夜中に越州（杭州湾一帯の地。江南道に属し括州より北）会稽《かいけい》県の須岸《すみ》山（浙江省紹興）に到着します。しかし東北の風が強く吹いたので余姚《よよう》県（浙江省余姚）にたどり着いたのは九月二三日でした。

一行は船と諸々の調度品をその地に置いて一〇月一日越州の役所を訪ね、一五日駅馬で京《みやこ》（長安）に入り、二九日馬を馳せて東宮《ひがしのみや》（洛陽）に到着します。当時、唐の高宗（在位六四九—八三）は東京（洛陽）にいました〔『資治通鑑』（一〇八五年成立。編年体の歴史書）によると高宗は閏一〇月五日長安を出発、二五日に洛陽に到着〉。

一〇月三〇日高宗（天子）は遣唐使副使津守吉祥一行に謁見《えっけん》します。「日本国の天皇は平安でおられるか」と高宗。「天地の徳を合わせ自ら平安です」と使者。高宗はまた「政事をつかさどる卿は平安であるか」と尋ねます。「天皇のご慈愛によってこれもまた平安です」と使者。

高宗は「国内は平和か」と尋ねます。「治世は天地に適《かな》い、万民は無事でいます」と使者。副使の津守吉祥らが一緒に連れて行った蝦夷をみて、高宗は「これらの蝦夷国はどの方角にあるのか」と尋ねます。「その国は東北にあります」と使者は答えます。

「蝦夷は何種類あるのか」と高宗。「三種類あります。遠いものを津加留《つがる》と名付け、次を荒蝦夷《あらえみし》、近いものを熟蝦夷《にぎえみし》と名付けています。いまここにいるのが熟蝦夷です。毎年、本国の朝廷に貢物を納めています」と使者。

高宗はさらに「その国には五穀（黍・アワ・麦・豆・稲）はあるのか」と尋ねます。「ありません。肉を食べて生活しています」と使者。「その国に住居はあるのか」と高宗。「ありません。深山の中で樹の下に住んでいます」と使者は答えます。

高宗は蝦夷の身体や顔の異形《いぎょう》なさまを見て、たいへん喜びかつ怪しみます。「使者たちは遠方よりの来訪で辛苦したことであろう。退いて館に滞在せよ」と高宗は使者に慰労の言葉を述べます。そして一一月一日朝廷で冬至の儀式があった日、高宗は倭国の遣唐使一行に謁見します。しかし後に出火騒ぎがあったために再度の聴聞はありませんでした。

一二月三日、韓智興《かんちこう》（孝徳天皇白雉四＝六四八年二月の押使高向玄理、大使河辺麻呂、副使薬師恵日ら三次遣唐使一行の中に名があり）の従者西漢大麻呂《こうちのあやのおおまろ》（百済人か）はわざと津守一行の倭国からの客を讒言《ざんげん》（唐の出兵の秘密情報を得たことによるのか）しました。そのため津守ら遣唐使一行は唐朝によって流罪とされ、韓智興は三〇〇〇里の外に流されることになります（唐の律では死刑について流刑（二〇〇〇里・二五〇〇里・三〇〇〇里）がある）。しかし客（遣唐使）のなかの伊吉連博得（本記事の原作者）が申し開きをしたので罪を逃れることができました。

事が終わったあとで高宗の勅がありました。その勅とは「我が国は来年（六六〇）に必ず海東《かいとう》（朝鮮）を征討するであろう。〝お前たち倭国（日本）客は帰国してはならない〟」というものです。そして一行は西京（長安）に留められ、別々の場所に幽閉されます。したがって一行の者は互いに行き来することはできず、長年にわたって困苦したという――。

第8章　百済の滅亡と白村江の戦い

1　唐・新羅の百済侵略と義慈王の死

唐・新羅連合軍による百済侵略戦争は、坂合部連石布・津守連吉祥ら第四次遣唐使一行が倭国を出発した斉明天皇五年（六五九）五月の翌年六六〇年（斉明天皇六）三月に始まります。ということは津守連吉祥一行が唐の高宗に謁見したのち拘留されている間に唐・新羅連合軍は百済の侵略を開始したことになります。

この月唐の高宗は大将軍蘇定方（五九二―六六七）に水陸両軍あわせて一三万を率いて百済を攻撃し、さらに新羅の武烈王（金春秋）に蘇定方を支援するように命じます。高宗の命令を受けた新羅の武烈王は金庾信《きんゆしん》（新羅の将軍）らと兵を率いて五月二六日王都慶州を出発し、六月一八日約二三〇キロ北西の南川（京畿道利川）に到着します。同日莱州（中国山東省）を出発し東方に向かった唐の蘇定方の軍を待ちます。

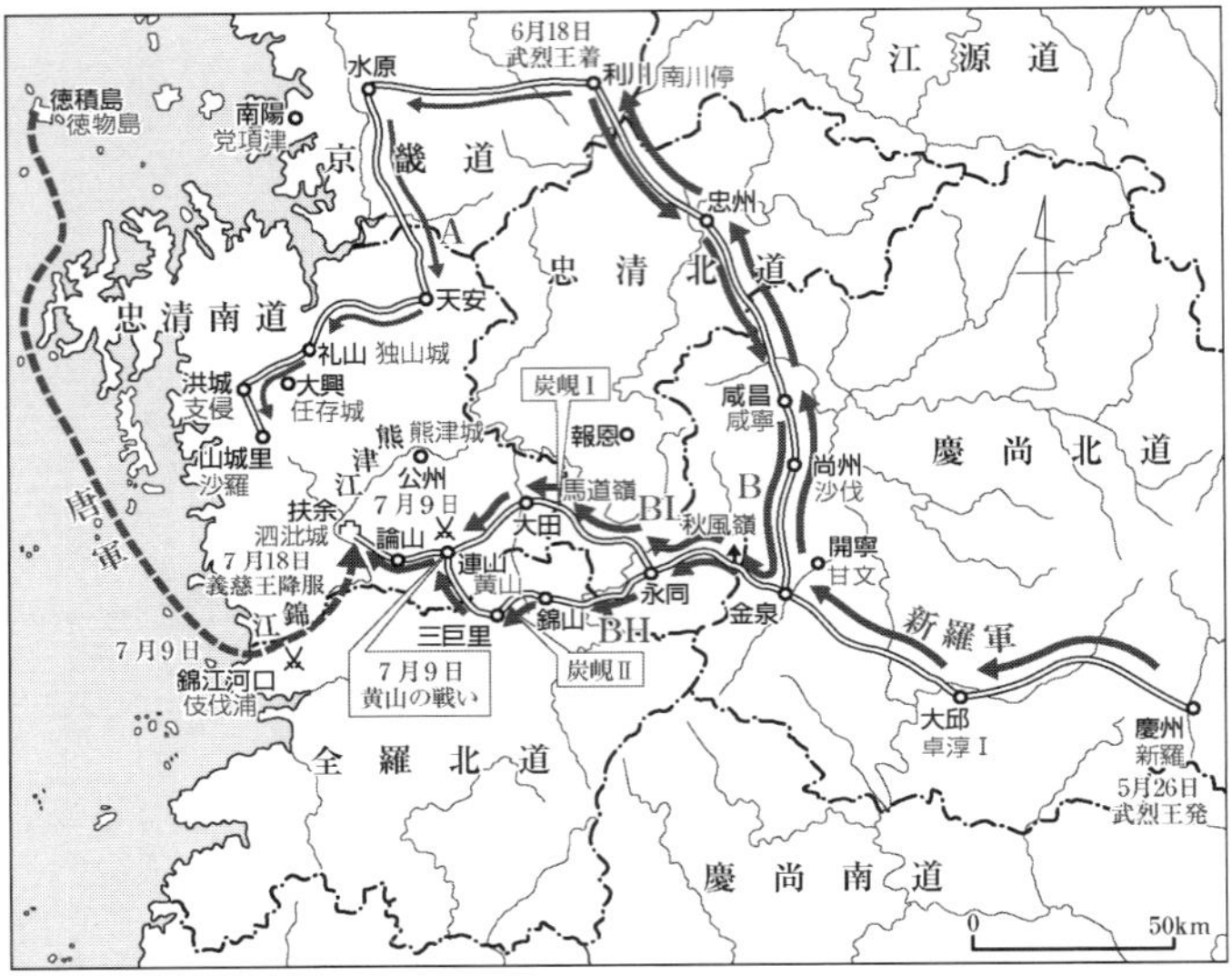

百済滅亡略図

また武烈王の太子金法敏（文武王、在位六六一―八一）は兵船一〇〇隻を率いて徳物島（京畿道甕津郡徳積島）で蘇定方を出迎えます。唐の将軍蘇定方は金法敏に「七月一〇日船で南下して百済（錦江河口）に着き、武烈王の軍と合流する」と伝えます。金法敏の報告を受けた武烈王は金法敏と金庚信に五万の新羅軍を百済の都のある熊津《ゆうしん》（忠清南道公州市）に向け進軍させます。

一方、四沘（扶余）にいた百済義慈王（在位六四一―六二）は急遽群臣を集めて作戦会議を開き、そこで決戦の相手を唐軍か新羅軍とするかの意見を求めますが、群臣らが興首（配流中の高官階伯）の作戦（唐軍攻撃）に反対したので義慈王は群臣の意見に従います。

この時新羅軍は炭岐《たんぎ》を通過中でした。義慈王は興首こと階伯の軍隊に黄山之原（忠清南道論山郡連山平野）で新羅軍を迎撃させますが、七月九日階伯の軍は金庚信の新羅軍に敗北します。この日蘇定方は熊津口（錦江河口）の百済軍を撃破します。

一二日唐・新羅連合軍に四泚城を包囲された義慈王は、翌日の一三日太子孝とともに熊津（公州）に逃亡します。義慈王の子隆（元の太子）と泰《たい》は四泚城を出て降伏します。一八日義慈王も太子孝とともに熊津城を出て降伏し、ついに百済は滅亡します。

約二ヵ月で百済攻略を終えた蘇定方は、九月三日将軍劉仁願に唐兵一万と新羅兵七〇〇〇をもって四泚城を守らせ、自分は義慈王と王族・臣下ら約九〇名と一万二〇〇〇名余の百姓を連れて四泚城から船に乗り唐に帰ります。義慈王らは一一月一日洛陽に到着しますが、義慈王は間もなく病死します。

唐は百済を熊津・馬韓など五部と三七の州県に分けて支配し、五部にはそれぞれ都督府を置きます。旧王都の熊津に置いた熊津都督府の長として将軍の王文度を任命しますが、他の四人の都督府には百済の豪族を任命します。時は斉明天皇六年（六六〇）一一月です。

ところで『日本書紀』斉明天皇六年（六六〇）七月一六日条には、高句麗僧道顕と伊吉博徳の記事が割注として挿入されています。唐・新羅連合軍による百済侵略に関係することが書かれていますので次に引用します（棒線――以下）。

――高麗の僧道顕が記した『日本世記』に「新羅王金春秋は大将軍蘇定方の手を借りて百済を滅ぼした。百済王の大夫人は妖女である。ほしいままに国の権力を手に入れて賢く善良な人を誅殺して困難を招いた。よくよく気をつけなければならない。その注に、新羅の金春秋は高句麗の内臣蓋金《こうこん》に救援を求めたが願いがかなわなかった。それゆえまた唐に使者を送り母国新羅の衣冠を捨て自ら唐服に改めるなどして唐の高宗に媚びをうって隣国百済に損害を与えるよう策略をめぐらした」という。

――伊吉連博徳の書に「斉明六年（六六〇）の八月、唐の高宗は百済をすっかり平定し、その後九月一二日客（百済征伐のための機密保持のため抑留されていた遣唐使一行。そのなかに伊吉連博がいる）が倭国に帰ることを許可した。一行は一九日西宮（長安）を出発一〇月一六日東京（洛陽）に着き、やっと阿利麻《ありま》（遣唐大使坂合石布の船にのるが、石布らは島民に殺され、東漢長直天利麻と坂合部連稲積五人は生き残る）五人と会うことができた。

一一月一日将軍蘇定方らに捕らえられた百済王以下、太子隆ら諸王子一三人、大佐平沙宅千福・国弁成《こくべんじょう》以下三七人、合わせて五〇人ばかりが高宗の前に連れ出された。しかし高宗は目の前で彼らを放免した。一九日高宗から慰労を受け、二四日東京を出発した」という。

さてこのように唐・新羅の連合軍にほろぼされた百済ですが、蘇定方が百済を離れる以前から王族・豪族の残存勢力の激しいゲリラ戦が展開されます。蘇定方が百済を離れると、百済のゲリラ軍は四沘城を攻撃します。城を守っていた劉仁願は撃退しますが、ゲリラ軍は城の南側を取り囲むよう柵を築きます。

2　左平福信、百済救援軍を要請する

百済の佐平福信（鬼室福信。佐平は百済一六等官品の最高位）が達率《だちそち》沙弥覚従《さみかくじゅう》らを倭国に派遣したのは、唐・新羅連合軍の侵略によって百済が滅びてから二ヵ月後でした。『日本書紀』斉明六年（六六〇）一〇月条は福信による沙弥覚従らの倭国政権への援助要請を次のように伝えています。

　今年の七月新羅は唐人と策して百済を滅ぼし、皆捕虜にしたので残ったものはほとんどいません。ここに西部《せいほう》恩率鬼室福信は離散した兵を呼び集め、任射岐山《にざきのむれ》に陣取りました。武器は先の戦役で尽きてしまいましたが、奪った武器を使っています。国民は〝佐平福信、佐平自進〟と呼んでいます。

　福信曰く「どうか百済国が天朝（倭国）に派遣しています豊璋を迎えて国主とすることをお許しください。百済ゲリラ軍が捕虜にした唐の兵一〇〇人余を献上します。そして是非とも百済救援軍を要請します」。

天皇（斉明）は「百済国は困窮のあまり我が国を頼っている。その心を見捨てるわけにはいかない。将軍達に命令して多方面から進軍させよ。そして礼を尽くして王子を出発させよ」と告げ

ます。

この「斉明紀」に登場する豊璋（豊章）とは『三国史記』に「扶余豊」、『新唐書』に「豊」と書かれている義慈王の子で、『日本書紀』には「余豊」（「皇極紀」）・「糺解《くげ》」（「斉明紀」・「天智紀」）とも書かれています。余・扶余は百済王の姓です。豊璋は『日本書紀』皇極天皇元年（六四二）二月二日条に書かれている百済の王子翹岐《ぎょうき》と同一人物です。

「豊璋を百済王にして百済を復興させたいので、救援軍を送ってほしい」という鬼室福信の要請を受けた倭国中大兄政権はいよいよ唐を敵として戦うことに決定しました。前軍の将軍阿曇比邏夫・河辺百枝と後軍の阿部引田比邏夫（『日本書紀』斉明天皇三年四月条に書かれている日本海側を北は秋田沖から北海道まで航海してエミシを服属させた倭国の将軍）・物部熊・守君大石らに百済を救援させます。

九月長津宮（福岡市博多区）にいた皇太子（中大兄）は織冠を王子豊璋に与え、多臣蒋敷《おおのおみこもしき》（壬申の乱の天武側の武将。太安万侶の父か）の妹を豊璋の妻とし、軍兵五〇〇〇人余をつけて百済に送ります。

豊璋と倭国の救援軍が百済に到着したのは六六二年（天智元）一月の初冬です。一月唐軍の一部は泉蓋蘇文が率いる高句麗軍に全滅され、二月には平壌（高句麗の首都）を包囲していた蘇定方の軍も大雪のため高句麗から退却します。ともにいた金庚信の新羅軍も帰国しました。

三月倭国救援軍は錦江下流の右岸周留城を基地とします。中大兄が送った倭国救援軍の到来に百済軍が意気盛んになったのは言うまでもありません。しかし『旧唐書』によると福信が僧道琛を殺害するという内訌《ないこう》（内紛）が起きましたが、豊璋は何の処罰をすることもなく見過ごします。そのことがのちに福信の増長を招くことになります。

福信は四沘と熊津に籠城する唐の将軍劉仁願と劉仁軌に「大使たちはいつ本国にかえるのか。必ず見送りする」という手紙を送って挑発します。五月倭国政権は豊璋を百済王として即位させ福信にも爵禄を与えます。

七月劉仁願と劉仁軌は福信の軍を熊津の東で破り、新羅軍と共同で百済軍の柵を落とし、福信のいる真峴城《しんけん》（忠清南道大徳郡鎮岑面）を落とします。そして唐軍のために新羅と四沘を結ぶ糧食を運ぶ道を開きます。劉仁願は唐本国にさらなる増援軍を要請したので高宗は将軍孫仁師に兵七〇〇〇人をつけて派遣します。

一二月豊璋と福信らは周留城からさらに南の僻城《へき》（全羅南道金堤）に基地を移しますが、倭国軍から派遣されていた朴市田来津《えちのたくつ》（白村江で戦死）は「周留城は天然の要害であるから移動するべきではない」と反対します。

翌六六三年（天智二）二月新羅は百済の南の徳安城（忠清南道論山恩津）など四つの城柵を攻略したので、倭国救援軍は基地をふたたび周留城に戻します。三月倭国は前将軍上毛野君稚子らに兵二万七〇〇〇人で新羅を攻撃させます。五月孫仁師の唐増援軍四〇万が徳物島に到着し、熊津城に進軍します。この模様は『日本書紀』天智二年（六六三）二月二日から九月二四日条に次のように書かれています。

二年（六六三）二月二日百済は達率金受《こんじゅ》が朝貢した。新羅人は百済の南側の四州を焼き、安徳などの要地を攻略した。辟城は敵から近いので軍勢がはいることができず、州柔《つぬ》に引き返した。田来津の言う通りであった。

この月佐平福信は唐の捕虜続守言らを送ってきた。六月前軍の将軍上毛野君稚子らは新羅の沙《さ》鼻《び》・岐《き》奴《ぬ》江《え》の二城を攻略した。百済王豊璋は福信に謀反の心があるのではないかと疑って福信の掌《てのひら》に穴をあけて縛った。

しかし自身では決断がつかず諸臣に「斬るべきか」と尋ねた。「これは悪逆人です」と達率徳《とく》執得《しゅとく》。福信は「腐った狗《いぬ》のような愚か者め」と言って執得に唾を吐いた。そして王は福信を斬り晒し首にした。

八月一三日新羅は百済王（豊璋）が自国の良将を斬ったことを知り、州柔《つぬ》を攻略しようと策略し、対して百済王は「今、大日本国《やまとのくに》の将軍盧原君臣《いおはらのきみおみ》が一万人の兵を引き連れてやって来るという。私は白村まで行って饗応しようと思う」と言った。

一七日新羅軍は州柔の王城を囲んだ。唐の軍将は船軍一七〇艘を白村江に配備した。二七日最初に到着した日本の船軍と唐の船軍が交戦し、日本の船軍はたちまち敗北した。二八日日本の将軍と百済王は状況を見極めることもせず、「我々が先制すれば敵は退却するだろう」と相談して、中軍を率いて堅く陣を張る唐軍に向かって進んだ。

すると唐軍はたちまち左右から船を囲んで攻撃したので、日本軍は向きを変えることもできずあっという間に大敗した。朴市田来津は奮闘したが戦死した。この時百済王豊璋は数人と船に乗って高麗に逃れた。

3 〝百済の名は今日をもって絶えた〟

六六三年（天智二）九月七日、ついに百済の州柔城は落城します。この時の状況を『日本書紀』は「この時百済の国民は〝事態はどうしようもない。百済の名は今日をもって絶えた。墳墓へは二度と参ることはできない。ただ弓礼城《てれのさし》（忠清南道南海島の古名か）に行って日本の軍将たちに相談するだけである〟と言った」と伝えています。

敗残兵は先に枕服岐城《しんぷくきのさし》（全羅南道康津）に置いていた妻と子どもに国を去ることを知らせます。九月一一日人々は牟弖《むて》（全羅南道南平）を出発して一三日弓礼に到着します。二四日日本の船軍と佐平余自信・達率木素貴子・谷那晋首・憶礼福留、あわせて百済の国民が弓礼城に到着します。翌日、百済の難民は日本に向かいます。

天智四年二月二五日条によれば「百済の男女四〇〇人余りを近江国神前《かんざき》郡にすまわせた」とあり、天智五年是年条に「百済の男女二〇〇〇人余を東国にすまわせた」とあります。

ところで『日本書紀』天智天皇四年（六六五）九月二三日条に次のように書かれています。

九月二三日唐国が朝散大夫沂州大夫司馬上柱国劉徳高らを派遣した（等《ら》とは、右戎重衛郎将上柱《ゆうじゅうえいろうしょうちゅう》国百済禰軍《ねぐん》・朝散大夫柱国郭務悰《かくむそう》らをいう。全部で二五四人である。七月二八日に対馬に着き、九月二〇日に筑紫に着いた。二二日に表函《ふばこ》を進上した）。

「禰軍」について『日本書紀』訳者頭注には「百済の官人。『三国史記』新羅本紀に文武王（在位六六一―八一）一〇年熊津都督府の司馬として新羅に赴き捕らわれ、翌々年釈放さる」とあります。実は二〇一一年（平成二三）一〇月二三日付の「朝日新聞」は「『日本』の名称、最初の例か」という見出しでおおよそ次のように報道しています。

中国の古都西安で見つかった墓誌に「日本」という文字があることを紹介する論文が発表された。吉林大古籍研究所の王連竜氏が発表した論文（学術雑誌『社会科学前線』七月号）によれば、禰軍の墓誌（一辺五九㎝）は八八四文字があり、禰軍は六七八年二月に死亡し、同年一〇月に葬られたとある。

明治大学の気賀沢保規（中国史）によれば墓誌の内容は次の通りである。「百済を救うため日本は朝鮮半島に出兵したが、生き残った日本は扶桑（日本の別称）に閉じこもり、罰を逃れている」と。この内容について気賀沢保規教授は「百済の将軍であった禰軍はこうした倭国の状況を打開するために派遣された」と解読している。

ところで「扶桑に閉じこもり、罰を逃れている」とは、何を意味しているのでしょうか。この問題について、石渡信一郎は「郭務悰と一緒に筑紫に来た禰軍は天智政権が『日本』と『扶桑』の二つの国名をつくっていることに気が付かなかった」と指摘し、「もし仮に郭務悰・禰軍の報告によって倭国政権の実態を知ったならば、唐の高宗は高句麗征服後（六六八）に直ちに倭国を侵攻したであろう」とみています。

なぜなら天智天皇三年（六六三）是歳条に「対馬島《つしま》・壱岐島《いきのしま》・筑紫国などに防人《さきもり》と烽火《のろし》と備えた。また筑紫に大堤を築いて水を貯え、名付けて水城といった」と書かれています。

また天智天皇四年八月条には「達率答炑《ほん》春秋（百済の亡命貴族）を遣わして長門国に城を築かせた。達率憶礼福留《おくらいふくる》・達率四比福夫《しひふくぶ》を筑紫国に遣わして大野と椽《き》の二城を築かせた」と書かれています。

第9章　壬申の乱

1　起こるべくして起こった壬申の乱

高句麗侵略戦争を再開した唐に恐れを抱いた中大兄（天智）は六六七年三月飛鳥から近江に都を移します。この時の様子は『日本書紀』天智五年（六六六）是年条に次のように書かれています。

この冬に京都《みやこ》の鼠が近江に向かって移動した。百済の男女二〇〇〇人余りを東国に住まわせた。百済の人々にはすべて僧も俗人も癸亥《きがい》の年（百済滅亡の六六三年）から三年間、全員に官の食糧が支給された。倭漢の僧智由《ちゆう》が指南車（磁石の付いた車）を献上した。

六六八年（天智七）九月一二日新羅が使者金東厳《こんとうごん》（新羅第一七等官の第九）を倭国に派遣します。『日本書紀』天智七年条には次のように書かれています。

九月二六日中臣内臣（鎌足）は僧法弁・秦筆《しんぴつ》を遣わして新羅の上臣大角干《だいかくかん》（新羅一七等官の最高位）金庾信《ゆしん》に船一艘を与え、これを金東厳《とうごん》らに託した。また二九日布勢臣耳麻呂を派遣して新羅王（第三〇代文武王、在位六六一―八一）に船一艘を贈り、これを東厳に託した。さらに一一月一日新羅王に絹五〇匹、綿五〇〇斤、なめし皮一〇〇枚を贈り、これも金東厳に託した。五日道守臣麻呂・吉士小鮪《しび》を新羅に遣わし、この日金東厳らは帰国した。

新羅が倭国に使者を派遣（一一年ぶり）した見返りとして藤原鎌足が金東厳に船や絹を贈与した話は、唐に不信感を持ち始めた新羅が倭国との交流関係を求め、一方唐の侵略を危惧していた倭国は新羅との修交を求めていたことを物語っています。

唐と新羅の相互の不信・対立はすでに百済侵略戦争の六六〇年前後に生まれていましたが、六六三年四月高宗が新羅の文武王（在位六六一―八一）を鶏林州都督に任命した時から両者の対立は激化します。

『三国史記』新羅本紀によると、唐は倭国征伐を口実に新羅を討とうとします。また百済の女性を新羅の漢城州都督に嫁がせ、新羅の武器を盗ませようとします。また高宗は新羅が百済の土地と住民を勝手に取ったとして新羅の使者を拘留します。

六七〇年（天智九）六月唐軍と戦っていた高句麗復興軍が、元高句麗の大臣の子安勝《あんしょう》を王にしたいと文武王に近づきます。新羅文武王は八月安勝を高句麗王に封じます。六七五年（天武四）新羅は旧百済の領域と大同江以南の旧高句麗の領域を支配するようになります。

新羅の支配を断念した唐は六七六年平壌の高句麗旧域の管理を目的とする安東都護府を遼東故城（中国遼寧省遼陽市）に移し、熊津にあった熊津都督府を新城（遼寧省撫順市）に移転します。

こうした唐と新羅の対立関係を背景に、大友皇子（弘文、天智の子）と大海人＝古人大兄（天武）による壬申の乱は起こるべくして起こったと言わざるをえません。天智天皇は弟大海人（天武）を病床に呼んで「私は重病である。後事をお前に譲りたい」と言いながら、その一〇ヵ月前に大友皇子を後継者の地位に定めました。

事実、『日本書紀』天智一〇年（六七一）正月五日条に「中臣金連《なかとみのかねのむらじ》が神事を天皇の言葉として述べた。この日、大友皇子を太政大臣に任じた。蘇我赤兄臣を左大臣、中臣金連を右大臣とした。蘇我果安臣・巨勢人臣・紀大人臣《きのうしのおみ》を大納言とした」と書かれています。

「壬申の乱」の研究者の間では、東宮大皇弟こと大海人（天武）がいるのに大友皇子が皇太子になったとかならなかったとか、即位したとかしなかったとか等々の論争がありますが、そもそも大海人が天智の弟でなく兄であり、馬子の娘法提郎媛を母にもつ古人大兄と同一人物であることを知るならばあまり意味のある論争とは言えません。

『日本書紀』「天武紀」に「天武は天命開別天皇《あめみことひらかすわけのすめらみこと》（天智）の同母弟である。幼少の時は大海人皇子と呼ばれた。天皇は生まれながらに、人に抜きんでた姿であった。成年の天武はたいそう勇猛で、人間わざとは思えぬ武徳があり、天文・遁甲《とんこう》に優れていた」と書かれています。「天文・遁甲に優れていた」というからには、天武がいわゆる「陰陽五行説」に興味関心があったと見てよいでしょう。天武の吉野逃避行は天文・遁甲の素養に無関係ではありません。

天武天皇が構想した『日本書紀』冒頭の「古に天地未だ分れず、陰陽分れず、混沌として鶏子《とのこ》の如く、溟涬《めいけい》にして牙《きざし》を含めり」がよい例です。しかし、大海人皇子（天武）がいわゆる陰陽五行に知悉《ちしつ》して吉野行きを敢行したのかどうかは定かではありません。

天智天皇四年（称制時代を含めると天智一〇＝六七一年）一〇月一九日の夕方、天武一行は島宮に入ります。島宮は明日香村島庄にある馬子の墓（石舞台古墳）のすぐ側《そば》にあります。大海人一行は島の宮に泊まり、翌朝、飛鳥川の上流に沿って栢森《かやのもり》を通り過ぎ、芋峠を越えて吉野川を渡り吉野山に入りました。

古来、栢森一帯は加羅系渡来人の集落と言われていますが、栢森から一つ下流の集落である稲淵《いなぶち》には南淵請安の墓があります。皇極天皇が雨乞いしたという稲淵小字宮山には飛鳥川上坐宇須伎比売《うすきひめ》命神社があります。

一行が吉野に到着したのはこの年（六七一）一〇月二〇日です。「天智紀」によれば、大海人一行が吉野に到着して約一ヵ月後の一一月二三日、大友皇子は左大臣蘇我赤兄《あかえ》臣・右大臣中臣金連・蘇我果安臣・巨勢人臣・紀大人《きのうしの》臣らを従え、近江宮中西殿の仏像の前に畏まります。

大友皇子は手に香炉をもち「六人は心を一つにして天皇の詔に従おう」と宣言します。蘇我赤兄臣らもそれぞれ香炉をもって、「天皇の詔に背くことがあるならば、四天王が打ちのめすことでしょう」と応えます。そして六日後の一一月二九日五人の臣が大友皇子を奉じて、天皇の御前で盟約します。天智天皇が死去したのはそれから四日後の六七一年一二月三日でした。
朝鮮半島では一年前から新羅の対唐独立戦争が始まっています。天智が死去する約一ヵ月前の天智一〇年（六七一）一一月一〇日、対馬国司が使者を大宰府に派遣して次のように報告してきました。

僧道久ら四人が唐からやってきて「唐国の使者郭務悰《かくむそう》ら六〇〇人、送使ら一四〇〇人、合計二〇〇〇人が船団四七隻に乗って比知島《ひち》（巨済島南西の比珍島か）に停泊中だが、突然、かの地（倭国）に入国すれば、人数も多く、船団も多いので驚くといけない。あらかじめ道久らを派遣して来朝の旨を明らかにするようにせよ」とのことです。

郭務悰の倭国来朝の目的は倭国への統一新羅（新羅の独立戦争）への出兵を意図したものです。当然、倭国内は親唐反新羅派と反唐親新羅派が対立します。天智政権が郭務悰らを饗応したことや、郭務悰に武器その他を贈ったことは、天智が唐の要請に応じたものと解釈してよいでしょう。『日本書紀』の天武即位前紀から元年（六七二）条にかけて次のように書かれています。

一二月（六七一）天命開別天皇（天智）が亡くなった。元年（六七二）三月一八日阿曇連稲敷《あずみのむらじいなしき》を筑紫に派遣して天皇（天智）が亡くなったことを郭務悰に伝えた。郭務悰らは喪服を着て三度哀《みね》の礼を奉り東に向かって深く首を垂れた。同月二一日郭務悰らは再拝して書函《ふばこ》（国書を納めた箱）と進物を献上した。

五月一二日甲《よろい》・冑《かぶと》・弓矢が郭務悰らに供与された。この日郭務悰に与えられた賜物は全部で絁《あしぎぬ》一六七三匹・布二八五二端・綿六六六斤である。三〇日郭務悰が帰国した。

唐・新羅の戦争は倭国内の矛盾を激化させますが、壬申の乱は新たな倭国の民族独立へのきっかけとなります。当時の大海人（天武）が親新羅派であったことは、即位後の天武政権による遣唐使は一回もありませんが、遣新羅使は四回、新羅からは八回も倭国に派遣されていることからも明らかです。

郭務悰らが帰国するやにわかに倭国内は物騒になります。六七二年の三月朴井連雄君《えのいのむらじおきみ》が「美濃では近江朝廷が山陵を造るからといって人夫らに武器をもたせています」と大海人に報告します。調べによると近江京から倭京に至る道のあちこちは斥候《せっこう》がおかれています。

しかし大友派と大海人派のどちらが戦争を仕掛けたのかは定かでありません。大友皇子が左大臣蘇我赤兄《あかえ》臣ら六人と誓約したのは天智一〇年（六七一）正月二日ですから、それを機会に大海人派は「機が熟した」と判断し大友政権打倒の準備を始めたのでしょう。

このような緊迫した情勢の下で郭務悰らの動きをみていた大海人は六月二二日いよいよ行動を開始します。以下、『日本書紀』の「巻第二八・天武天皇上（即位前紀）」にそって壬申の乱の経過のあら

ましを〈日時〉を居って紹介することにいたします

2　大海人一行、吉野から東国へ出発

〈六月二二日〉大海人は村国男依《おより》に「今から出発して安八磨郡《あはちまのこおり》の湯沐令多臣品治《ゆのうながしおおのおみほんじ》に計略を告げて、不破道《ふわのみち》（古代東山道の関所の一つで、現在の岐阜県不破郡関ヶ原町）を防ぎ止めよ。私もこれから出発する」と命じます。この日が壬申の乱の始まりと言ってよいでしょう。

大海人が東《あずま》（東海道は伊賀以東、東山道は美濃以東をさす）に入ろうとしたとき、一人の臣が「近江の群臣はもともと謀略を企んでいます。道路は通行止めです。一人の兵も従えず東に入ることはできないでしょう」と報告します。

そこで大海人は男依を呼び戻そうとして、すぐに大分君恵尺・黄書造大伴《きふみのみやつこおおとも》・逢臣志摩《おうのおみしま》を留守司高坂王《るすつかさたかさかのおおきみ》（飛鳥京を守る司）のもとに派遣し、「もし駅鈴が手に入らなければ志摩はすぐに引き返して報告せよ。また恵尺は近江に急行し、高市《たけち》皇子・大津皇子を呼び出したうえ、伊勢で私に合流せよ」と命じます。

しかし高坂王は駅鈴を渡そうとしません。そのため恵尺は近江に向かいます。志摩はすぐ引き返しそのことを大海人に伝えます。この日大海人はことが急であるため徒歩で出発しました。途中、馬に

壬申の乱進路、日時〔遠山美都男『天武天皇の企て』一部改変〕

乗った県犬養連大伴（県犬養飼部を率いる首長。天武一三年一二月宿禰賜姓）に出会います。大海人は犬養の馬に乗り、皇后（持統）を輿に乗せ後につき従わせます。津振川《つふる》（宮滝から約五㎞の津風呂川か）まで来たとき、乗物が届いたので大海人はこれに乗ります。

〈六月二四日～二五日〉当時の状況を『日本書紀』天武天皇元年六月二四日条は次のように伝えています。

この時、初めから従った者は草壁皇子、忍壁皇子および舎人朴井連雄君《えのいのむらじおきみ》・県犬養連大伴・佐伯連大目・大伴連友国・稚桜部臣五百瀬《わかさくらべいおせ》・書首根麿呂《ふみおびとねまろ》・書直《ふみのあたい》智徳（天武一〇年連姓名。没年未詳。『続日本紀』に贈大壱とある）・山背部小林・安斗連智徳《あとのむらじちとこ》（天武一三年一二月宿禰賜姓）・調首淡海《つきのおびとおうみ》など一族二〇人余り、女孺一〇人余りである。

大海人一行が宇陀の吾城《あき》（大宇陀町の神楽岡か）に着いたところで、大伴連馬来田・黄書造大伴が吉野宮から追いつきます。このとき屯田司《みたのつかさ》の舎人土師連馬手が、大海人の従者に食物を提供します。また大伴朴本大国《おおとものえのもとおおくに》を首領とする猟師の一団二〇人が一行に加わります。

そこで美濃王（壬申の乱の功績によりのち天武朝で高市大寺司に任じられる）に呼びかけて一行に加えます。途中、湯沐《ゆ》（後述）の米を運ぶ伊勢国の荷役の馬五〇匹に菟田郡家《うだのこおりのみやけ》の辺で遭遇します。その米を全部捨てさせ、一行の徒歩の者を乗せます。

その日の夜一行は隠郡《なばりのこおり》（三重県名張市）に着き、隠駅家《なばりのうまや》を焼き、「天皇が東国に入るので、人夫の者は参集せよ」と呼びかけますが、誰も集まりません。一行は夜を徹して東行します。横河（名張市黒田・結馬あたりか）まで来ると黒雲が現われたので伊賀の駅家《うまや》に急ぎます。伊賀の中山まで来ると数百人の軍衆を率いた郡司らが帰順（服従）してきました。

〈六月二五日〉一行は二五日の早朝莿萩野《たらの》に着きます。莿萩野は三重県上野市の東北部一帯です。食事をしてから積殖山口《つむえのやまぐち》まで来ると、高市皇子（天武の第一皇子、母は胸形君徳善の娘尼子）が鹿深（近江甲賀郡）を越えて大海人一行に合流します。大海人と高市皇子の合流軍は伊勢と伊賀の国境の大山を越えて伊勢の鈴鹿に着きます。鈴鹿山脈と布引山地の峠にある大山は加太越《かぶとごし》とも呼ばれます。

国司守《くにのみこともちのかみ》三宅連岩床・介三輪君子首・湯沐令《ゆのうながし》田中臣足麻呂・高田首新家《たかだのおびとにいのみ》らが天武一行のいる鈴鹿で合流し、そこで五〇〇人の軍兵で鈴鹿山道を塞ぎ止めます。川曲《かわわ》の坂下《さかもと》で日が暮れたので、皇后（持統）は輿を止めて休みます。川曲は鈴鹿川左岸の平野部のあたりで、今の鈴鹿市の東部です。

〔筆者註〕「湯沐令《ゆのうながし》」とは「湯沐邑《ゆのむら》」（斎戒沐浴のための邑）を管理する長官のことです。古代中国周の制度として始まり、前漢・後漢になると、湯沐邑は皇太子・皇后・皇太后その他皇族に与えられました。

湯沐邑《とうもくゆう》の所有者は、統治権はもたず、税収のみ手に入れます。「壬申紀」に見える湯沐邑はこの漢代の制度を踏襲したものと考えることができます。壬申の乱に登場する多臣品治と田中臣足麻呂の二人は美濃国の長官であったと考えられます。すると湯沐邑が大海人に与えられていた領地であったと推測することが可能です。

湯沐邑と大海人こと天武の関係が極めて密接であったからこそ、大海人は島宮から吉野に直行し、その吉野から出発する前に乱の挙兵を湯沐令に命じることができたのです。多臣品治が湯沐令であった美濃国安八磨《あはちま》郡（後の安八郡）は、現在の大垣市を中心とする南の安八《あんぱち》町・輪之内《わのうち》町、北の神戸《ごうど》町・池田町を地域とする一帯と思ってよいでしょう。

ＪＲ東海道線の関ヶ原駅を基点に北は伊吹山地、南は養老山地、その二つの山地を結ぶラインの東側が当時の東国と考えられます。湯沐邑は大海人が天智朝の皇太子時代に与えられた東国の領地であったと考えられます。

川曲まで来ると急に寒くなり、雷が鳴り、雨が激しく降り出しました。一行は三重郡家《みえのこおりのみやけ》に急ぎ、家屋一軒焼いて凍えた者を暖めます。この日の夜中、鈴鹿関司の使者による「山部王・石川王（いずれも系譜未詳）が共に帰順するために参上しました。それで関に留め置きました」という報告があり、大海人はすぐ路直益人《みちのあたいますひと》に二人を迎えにやらせます。

〈六月二六日〉大海人一行は朝明郡《あさけのこおり》の迹太《とお》川の辺りで、天照大神《あまてらすおおみかみ》を望拝します。この辺りは四日市市の北部と三重郡菰野《こもの》町の北半および朝日町・川越町です。大海人がアマテラスを揺拝した迹太川は現在の朝明川です。この天武揺拝の記事は、通説では近江側と戦っていた天武が伊勢神宮の祭神アマテラスに戦勝祈願をしたことになっていますが、この時天武が遥拝したのはアマテラスではなく、崇神天皇の霊アマテルです。

大海人がアマテルを拝んだのは尾張連系の大海氏に養育された大海人が加羅系日神アマテルを拝むことによって、味方についた湯沐令多臣品治ら加羅系豪族の信頼を得るためです。尾張連はアメノホアカリ（天火明命）（『古事記』に登場する火の神）を祖とする天皇家の系譜に繰り込まれている崇神王家の後身だからです。

ちょうどその頃大海人が使いに出した路直益人が大津皇子と一緒に戻って来て「関に留め置かれていた者は、山部王・石川王ではなく大津皇子でした」と報告します。大津皇子（天武の皇子で母は天智の皇女大田皇女。同母姉に大来皇女）には大分君恵尺《おおきだのきみえさか》・難波吉士三綱・駒田勝忍人《こまだのすぐりおしひと》・山辺君安摩呂・小墾田猪手《おはりたのいて》らがつき従って来ました。

大海人一行が朝明《あさけ》郡に到着しようという時に、村国男依が駅馬に乗って駆けつけ「美濃の軍勢三〇〇〇人で不破道を防ぐことができました」という報告があったので、大海人は高市皇子を不破に派遣し、山背部小田・安斗《あとの》連阿加布《あかふ》を東海道、稚桜部五百瀬・土師馬手を東山道に派遣して兵を起こさせます。

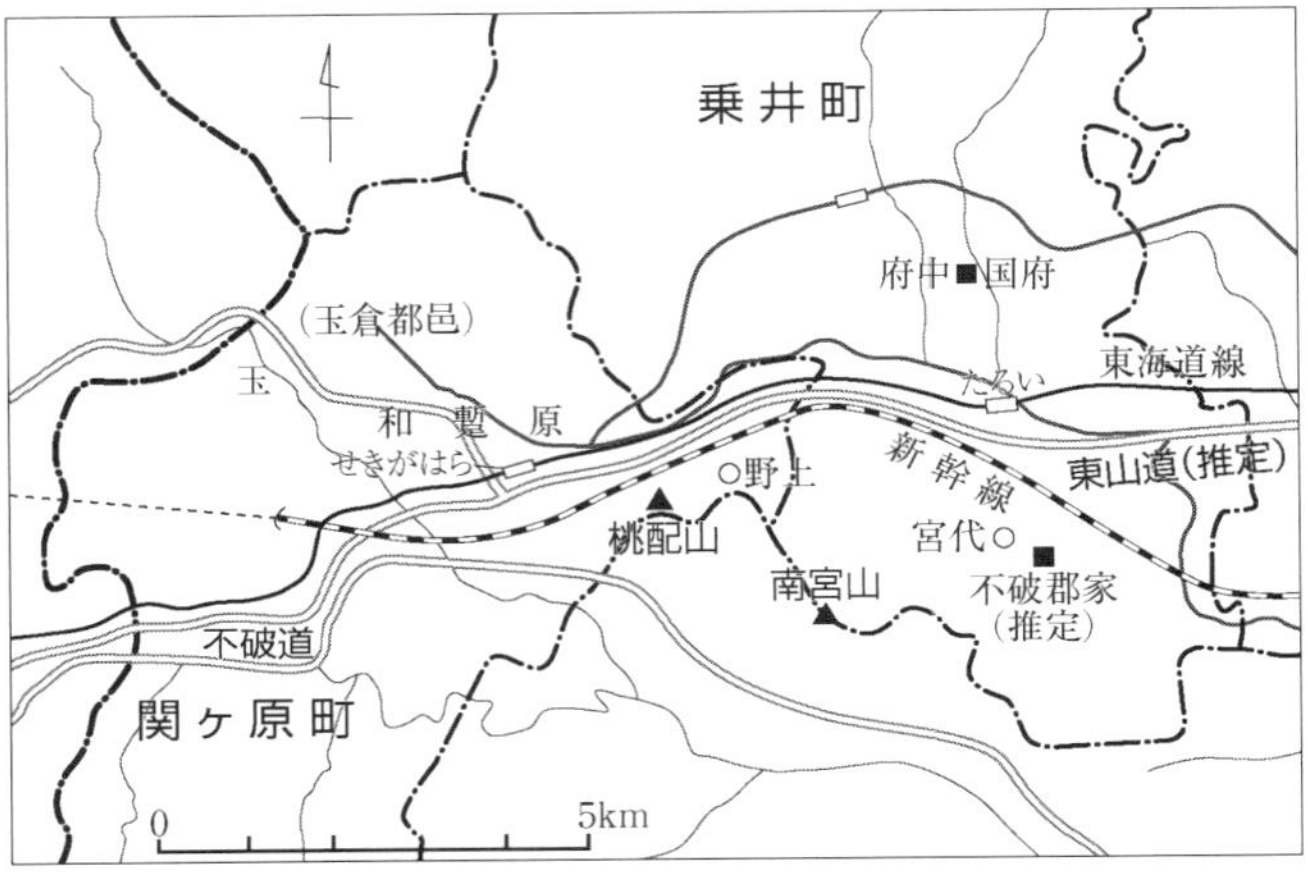

野上・和蹔付近の地図

大海人が東国に入ったことを知った近江朝は大いに動揺します。「どのように計ればよいか」と大友皇子。「策謀が遅くなるほど、遅れをとります。早急に勇敢な騎兵を集めて、追い討つのがよいと思います」と進言する者がいましたが、ともあれ大友皇子は群臣をそれぞれ東国、倭京、筑紫に派遣します。

その時、大友皇子は「筑紫大宰の栗隈王と吉備国守当摩広島はもともと大皇弟（大海人）に付き従っていた。背くような気配をみせたら殺せ」と命令します。かくて磐手は広島を殺し、佐伯連男は栗隈王に逆に説得され空しく帰ります。また東国に派遣された韋那磐鍬《いなのいわすき》らも捕虜にはならなかったが、辛うじて生きて帰ります。

〈六月二七日〉高市皇子が桑名郡家《くわなのこおりのみやけ》に使者を派遣して「天皇がお側にいないのではなはだ不便です」と伝えてきたので、天武は皇后（持統）をそこに留めて自分は不破に入り、和蹔《わざみ》に出向いて軍事を検分したのち、この日野上（岐阜県不破郡関ヶ原野上）に仮宮《かりみや》を設けます。

野上は岐阜県不破郡関ヶ原の東部で、和蹔は柿本人麻呂の高市皇子への挽歌に見える「高麗剣《こまつるぎ》和射見《わざみ》が原の行宮《かりみや》に天降《あも》りいまして」の「和射見」です。現在の関ヶ原の地であることは確かとされていますが関ヶ原のどこかは特定されていません。

また人麻呂は高市皇子の挽歌（『万葉集』巻二―一九九）で「捧げたる幡の靡きは冬ごもり春さり来れば野ごとにつきてある火の風共靡《むた》くがごとく」と歌っていますが、人麻呂は大海人軍の捧げた赤旗が靡く様子を風に靡く野火にたとえています。『日本書紀』は陰陽五行思想「木・火・土・金・水」の「火＝火徳」にもとづき、自らを赤帝の子とする漢高祖にならって天武を火徳の王として描いています。

ちなみに古人大兄《フルヒトオオエ》の「古人」の「フル」は、古代朝鮮語（古代日本語）で「火」を意味する語「プル」は「火の人」を意味しています。おそらく「古人」は『日本書紀』編纂者が藤原不比等の意向を受けて元明天皇（在位七〇七―一五）のころに付けた名でしょう。

3　大伴連吹負の奇襲攻撃

〈六月二九日〉大海人が関ヶ原の和蹔で高市皇子に奮戦するように号令をかけた六月二九日、飛鳥にいた大伴連吹負《おおとものむらじふけい》は留守司坂上直熊毛と「私は高市皇子と詐称して飛鳥寺の北路から襲撃する。お前たちは内からこれに応じよ」と密談します。吹負は百済の家で武装してから南門を出ます。百済は天香具山（橿原市）の西麓に百済という地名があるので、その辺りではないかと推定されます。

吹負はまず秦造熊毛《はだのみやつこくまげ》にふんどし姿で馬を走らせ、寺（飛鳥寺）の西にある軍営（甘樫丘に近いところか）で「高市皇子が不破から攻めて来た。多くの軍衆が付き従っている」と大声で叫ばせます。

ちょうど近江朝廷から倭京で留守司高坂王と挙兵させるために派遣されていた穂積臣百足らは飛鳥寺の近くに軍営を設けていました。百足だけが小墾田《おはりだ》（奈良県高市郡明日香村。甘樫丘の東北の豊浦。推古天皇が建立した豊浦寺＝向原寺の辺り）の武器庫から近江に武器を運ぼうとしていた矢先でした。

熊毛の叫び声を聞いた営中の軍衆はみな散り散りになって逃げます。そこへ吹負が数十騎の騎兵で急襲すると、熊毛らは一斉に吹負に呼応します。吹負は高市皇子の命令と称して穂積臣百足を小墾田の武器庫から呼び出します。何かと思った百足は馬に乗ってゆっくりと飛鳥寺西の槻の木の下にやってきました。いきなり、だれかが「馬から降りよ」と命じましたが、百足は降りようとしません。そこで百足は矢を射られてその場で斬り殺されます。吹負は高坂王・稚狭王《わかさかおおきみ》を自分の指揮下に入れます。『日本書紀』に書かれた大伴吹負の奇襲攻撃における多少滑稽なエピソードについて、壬申の乱の研究者大塚泰二郎は次のように指摘しています。

まことに奇妙な戦闘である。吹負は一戦も交えずにして倭京を占領した。留守司の高坂王とははじめから内通していたのではないだろうか。もし留守司の長官高坂王や稚狭王《わかさのおおきみ》が戦うつもりであるならば一合戦あるのはふつうである。こうした事情を考慮にいれると、高坂王ら倭京留守官ら役人は上も下もすべて大海人に内応していたにちがいない。

つまり穂積百足は高坂王ら倭京留守たちのほとんどが大海人に通じていることを知っていたので、このままでは小墾田の武器庫を抑えられると思ってせめて武器だけ近江に運ぼうとしたのではないか。

先の『日本書紀』の〈六月二二日〉によれば大海人は大分君恵尺・黄書造大伴・逢臣志摩に命じて留守司高坂王（飛鳥京を守る司）のもとに派遣したのに対して高坂王はそれを拒否しています。しかし大塚泰二郎の指摘が本当であるならば、駅令を高坂王に拒否された話は潤色されている可能性が高いということになります。ちなみに高坂王と稚狭王について言えば、稚狭王は『日本書紀』天武天皇七年（六七八）九月条に「三位稚狭王が薨じた」と書かれ、高坂王は同一二年（六八三）六月三日「高坂王が薨じた」と記録されています。

このように高坂王と稚狭王が天武紀に記録されていることから、大塚泰二郎は『日本書紀』の壬申の乱は近江朝廷の圧迫に対する大海人の正当防衛の立場から書かれているとみています。であれば大海人にとって不都合なこと（駅鈴の拒否）は書かれるはずはなく、事実は逆に大海人が深く通じていた高坂王から倭京や近江側の情報を収集していたにちがいないとみています。

しかし大塚泰二郎には大海人が古人大兄と同一人物であり、しかも大海人の母が天智とは異なる大

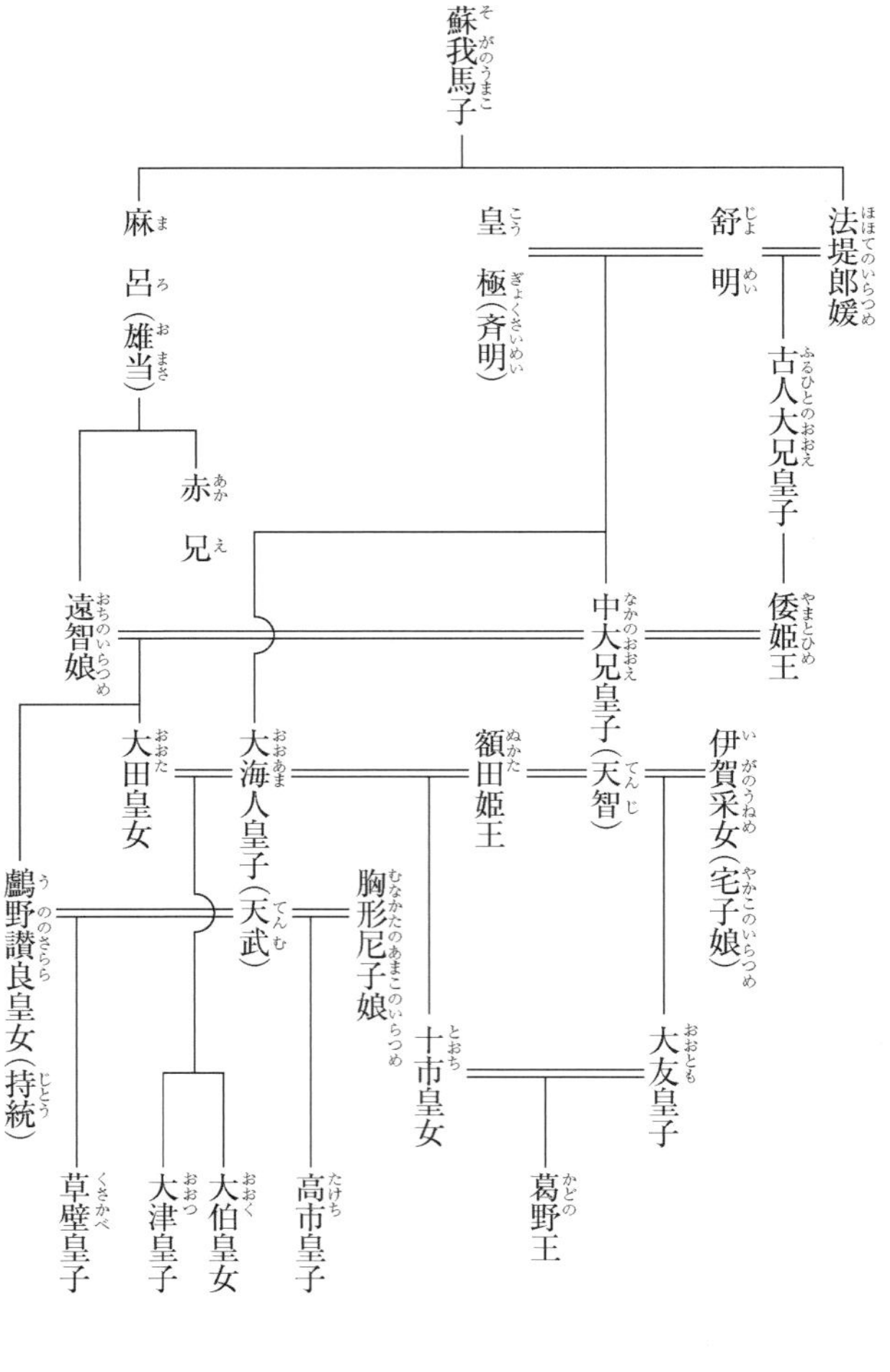

『日本書紀』にもとづく壬申の乱関係図

王馬子の娘法提郎媛であるという壬申の乱が起きた最も重要なことの認識が欠落しています。

〈七月一日〉さて吹負の奇策による勝利を知った天武は吹負を倭京の将軍に任じます。大伴吹負を将軍とする軍は大和と山背の木津川が流れる国境の乃楽《なら》（奈良）に進撃します。しかし河内方面から近江郡が攻めてくると聞いて坂本臣財に高安城を占領させます。

〈七月二日〉大海人は紀臣阿閉麻呂・多臣品治・三輪君子首《こびと》・置始連菟らに数万の兵で伊勢の大山（伊賀と伊勢の国境の山。加太越）を越えて倭に向かわせます。また村国連男依・書首《ふみのおびと》根麻呂・和邇部臣君手・胆香瓦《いかご》臣安倍も数万人の軍勢で不破から直接近江に入ります。その時村国男依は味方の兵と近江の兵を区別するために味方の衣服の上に赤色をつけます。また多臣品治は三〇〇〇の兵を率いて莿萩野《たらの》（伊勢と伊賀の国境）に駐屯します。そして田中臣足麻呂は倉歴道《くらふのみち》（三重県甲賀郡付近）を守ります。

一方、近江朝廷の山部王・蘇我臣果安・巨勢臣比等らは数万人の軍勢で不破を攻撃しようとして犬上川（彦根市市街地の南西を流れて琵琶湖に入る）のほとりに駐屯します。しかし内乱によって山部王（天皇系譜が未詳）は蘇我臣果安・巨勢臣比等に斬り殺されます。ところが内乱の責任をとって蘇我臣果安（蘇我倉麻呂の子、蘇我馬子の孫。石川麻呂・日向・赤兄・連小は兄弟）は犬上から引き返し首を刺して自害します。なぜ山部王が殺され、蘇我果安が自殺したのかその理由はよくわかりません。

この山部王は大海人が吉野を出発して伊勢の三重郡を通過した際、鈴鹿から山部王・石川王が来帰したとの報告を受けたのですぐ呼び寄せたところ、山部王・石川王ではなく大津皇子であったと書か

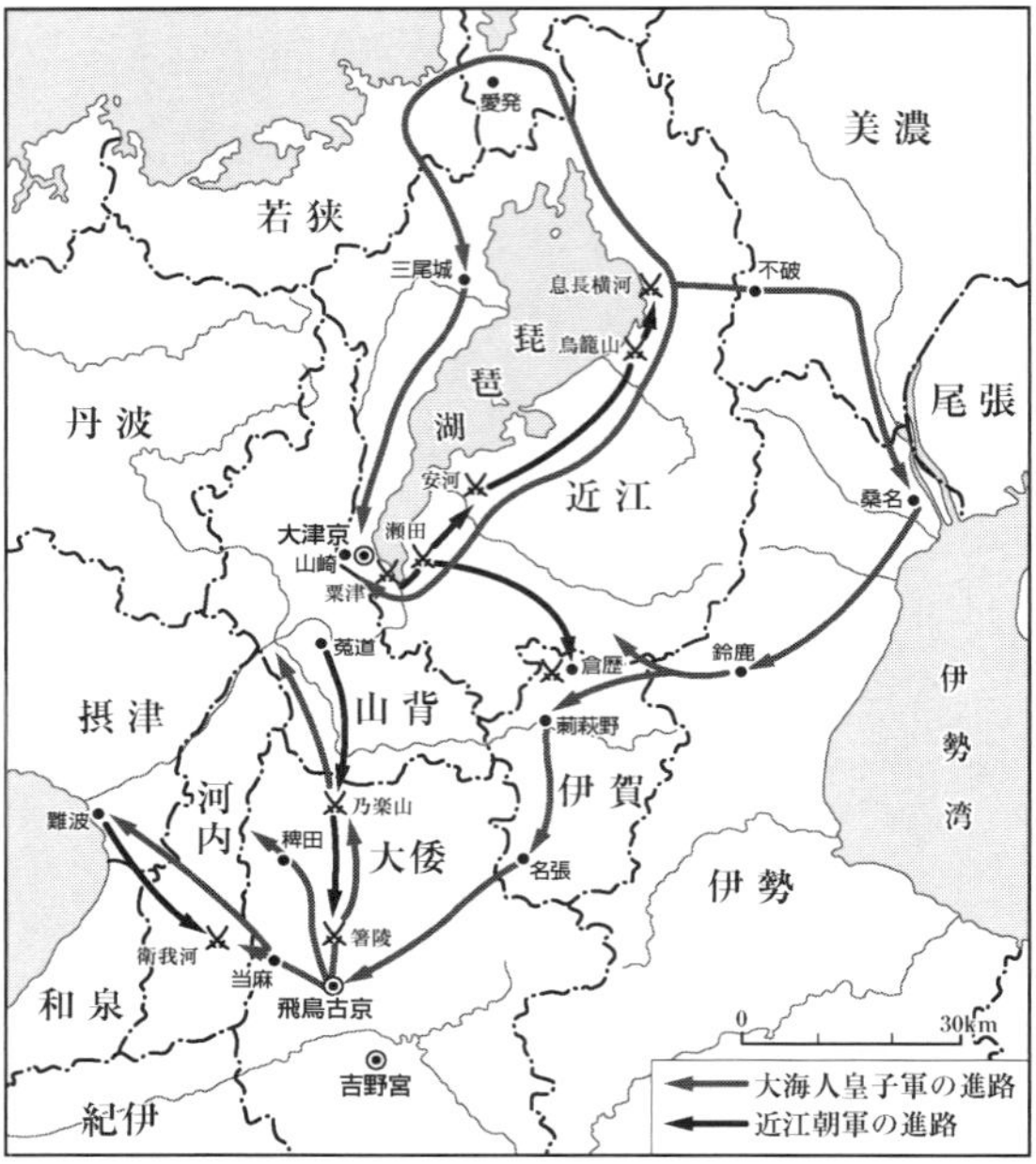

壬申の乱戦況地図

れています。蘇我果安の自害は山部王が近江側を裏切ったことに対する責任によるものでしょうか。いったいこの山部王とはだれのことでしょうか。山部王は舒明天皇の子蚊屋皇子（母は吉備国蚊屋采女）という説もあります。

〈七月三日〉乃楽山《ならやま》に駐屯していた将軍吹負に荒田尾直《あらたおのあたい》赤麻呂が「古京《ふるきみやこ》（近江遷都以前の飛鳥の都）は本営の地であり固守すべきです」と進言します。吹負は荒田尾直赤麻呂らに古京を守らせることにします。

〈七月四日〉将軍吹負は近江方の将軍大野果安（大野東人の父）と乃楽山で戦い大敗します。

吹負を追って八口（桜井市阿倍から上ツ道を南下した山田）までできたが果安は、山に上って京方面を見ると、巷ごとに盾が立っているので引き返します。

〈七月四日以後の数日間〉逃走中の大伴吹負は大和の墨坂（奈良県宇陀郡榛原町西方の坂）で、紀伊阿閉麻呂が救援のため派遣した置始連兎の率いる大海人軍と会い、金綱井《かなづなのい》（橿原市今井町付近か）に戻って四散した兵を集め、二上山東麓、当麻の村で侵攻してきた壱伎韓国の軍と戦い、これを破ります。

この頃、東方から大海人軍が多数到着し、上・中・下の道（奈良盆地を南北に貫く三本の幹線道路）に駐屯します。まもなく犬養連五十君《いきみ》が率いる近江軍が中つ道を南下して攻めてきます。五十君は別将廬井造鯨《いおいのみやつこくじら》に大伴吹負の本陣（金綱井）を急襲させます。

吹負側は少数の守備兵しかいなかったために苦戦をしますが、少数の兵が激しく矢を射たので鯨の部隊はひるんで進むことができません。上つ道では吹負側の三輪君高市麻呂と置始兎が、箸陵（箸墓古墳）のほとりで近江軍を撃退します。

これより先、吹負らが金綱井に駐屯していた時、高市《たけち》郡の大領（長官）高市県主許梅《あがたぬしこめ》が神がかりして「神日本磐余彦《かむやまといわれひこ》天皇の陵に馬及び種々の兵器を奉れ」という出来事がありました。

近江方の別将田辺小隅《おすみ》が鹿深山を越えて倉歴《くらふ》に着きます。倉歴は三重県阿山郡伊賀町北部の上柘植の甲賀郡に近接する地と推定されています。倉歴から甲賀郡を経て湖東平野にでることができます。

近江方の小隅は夜中、兵士に梅《ばい》（割り箸のような木）を口にくわえさせて城を破り、営中に入ります。そうして近江方の自分の軍隊と田中足麻呂《たりまろ》の軍兵との区別がつくように各人に「金《かね》」と言わせることにし、「金」と言わない者は即座に斬ります。しかし足麻呂だけは「金」と言って、辛うじて免れることができました。

〈七月六日〉田辺小隅はさらに莿萩野（三重県上野市佐那付近）の軍営に迫りますが多臣品治《おおのおみほんじ》に撃退され、配送します。

4　村国男依、大友皇子の大軍と対決する

〈七月七日〉村国男依は息長《おきなが》の横河で近江軍と戦い、将軍境部連薬《くすり》を斬ります。息長は現在の彦根市北東部の米原・山東町一帯です。

〈七月九日〉男依は秦友足《はだのともたり》を鳥籠山《とこのやま》（米原市の北部坂田郡と犬上郡の境）で討ちます。この日将軍吹負が乃楽山で敗れたことを知った東道将軍紀臣阿閉麻呂らは、軍兵を分けて、千騎余を倭京（飛鳥）に急行させます。

〈七月一三日〉村国男依は安河（野洲川）のほとりで大勝し、社戸臣大口《こそへのおみおおくち》・土師連千島を捕虜にします。

〈七月一七日〉栗太《くるもと》（瀬田川の左岸一帯）で近江兵を追い払います。野洲《やす》川は鈴鹿山脈御在所山を源流とする琵琶湖への流入河川では最大です。甲賀市の西側を流れ、杣《そま》川との合流地点から北西に向き

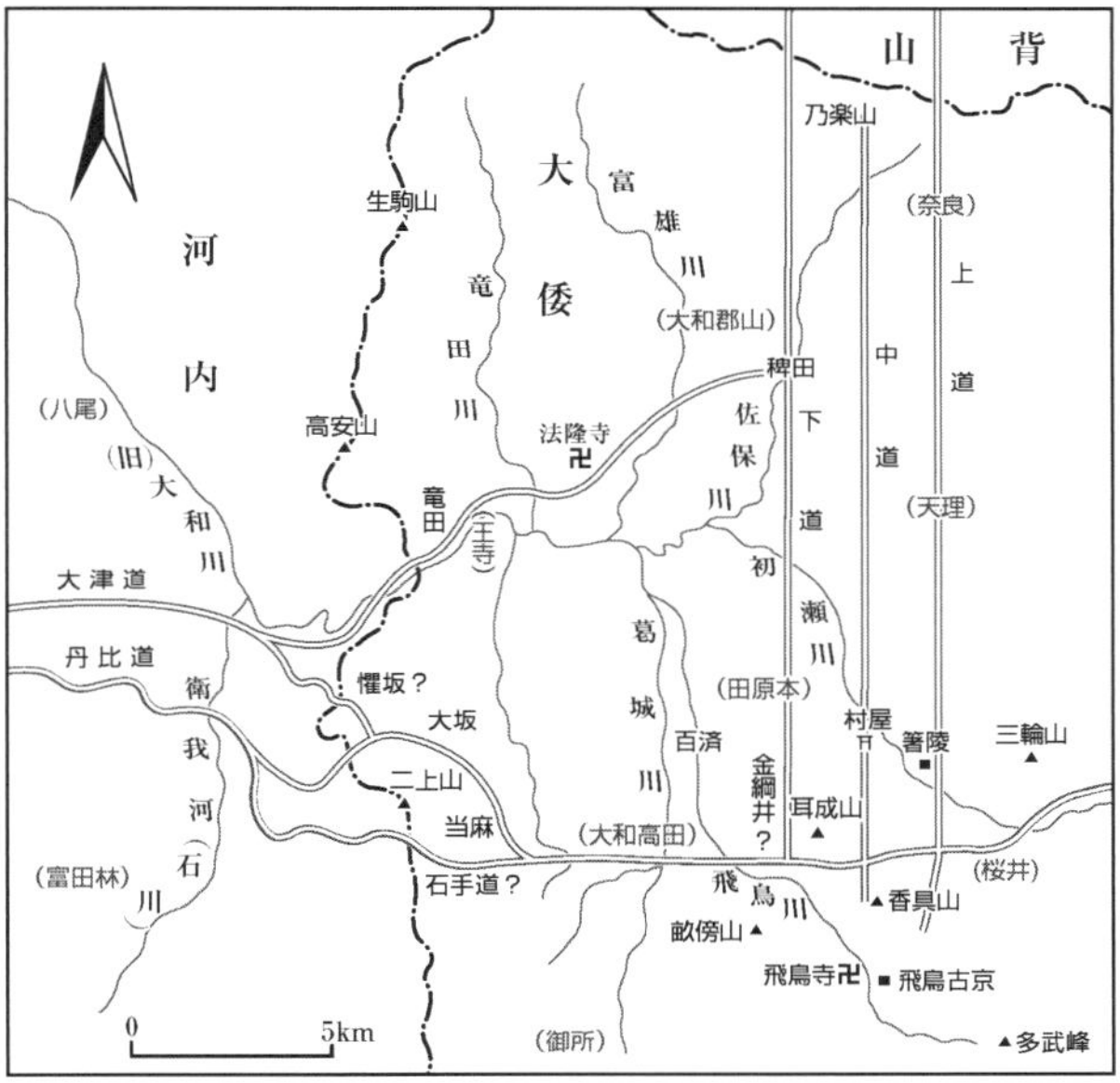

大和地方略図

を変え、栗東市《りっとう》の北部、川を挟んで東岸の野洲市の三上山（近江富士）辺りから北流します。

〈七月二二日〉村国男依らは勢田（大津市瀬田）に到着します。しかし大友皇子と群臣たちは後方に見えないほどの大陣をひかえ瀬田橋の西に構えています。旗や幟《のぼり》は野を覆い、塵芥は空に舞い上がり、鉦《かね》や太鼓の音は数十里先まで鳴り響きます。

近江方の先陣将軍智尊《ちそん》は必死で橋を渡ろうとする男依の率いる兵を防ごうとしますが、大分君稚臣《おおきだのきみわかおみ》（瀬田の功績により天武八年外小錦上位を追贈される）が突破して智尊は橋の袂で斬り殺されます。ついに大友皇子と左右大臣は辛うじて逃走します。男依は余勢を駆って粟津岡まで追撃します。粟津は琵琶湖最南端の勢田川河口の西岸、大津市膳所《ぜぜ》町の一部です。二三日男依らは近江方の将犬養連五十君と谷直塩手を粟津で斬ります。大友皇子は逃げ場を失い、山前《やまさき》（大津京付近）で自ら首を吊ってしまいます。この時大友皇子につき従っていたのは物部麻呂と二人の舎人だけでした。

〈七月二三日〉将軍吹負が乃楽（奈良）の手前の稗田《ひえだ》（奈良県大和郡稗田町。環濠集落で著名。稗田阿礼を主祭神、アメノウズメとサルタヒコを副祭神とする売女神社がある）に着いた時、「河内から軍衆が大勢やってきます」という報告を受けます。

そこで吹負は坂本臣財《さかもとおみたから》・長尾直真炭《ながおのあたいますみ》・倉墻直麻呂《くらかきのあたいまろ》・民直小鮪・谷直根麻呂《たにのあたいねまろ》を派遣し、三〇〇人の軍兵に竜田《たつた》（奈良県生駒郡斑鳩町）を防御させ、また佐味君少麻呂を派遣して数百人の軍兵を大坂（二上山北側の峠を越えて大和と河内を結ぶ道）に駐屯させます。また鴨君蝦夷を派遣して数百人の軍兵に石手道（二上山南側の竹内街道。奈良県北葛城郡當麻町竹内と大阪府南河内郡河南町平石を結ぶ平石越の説もある）を守らせます。

この日坂本財らは平石野（竜田付近か）に野営します。その時、近江軍が高安城（大和と河内の国境にある標高四八六メートルの高安山に築かれた城。現在、近鉄南大阪線がこの近くを走る）にいると聞いて山に登ってみると城内の倉庫はすっかり焼き払われて敵軍は逃亡して誰もいません。そこで坂本財らは城中に宿泊します。夜明けに西方を望むと、大津《おおつ》・丹比《たじひ》の両道から軍衆が大勢押し寄せ、旗や幟がはっきり見えます。

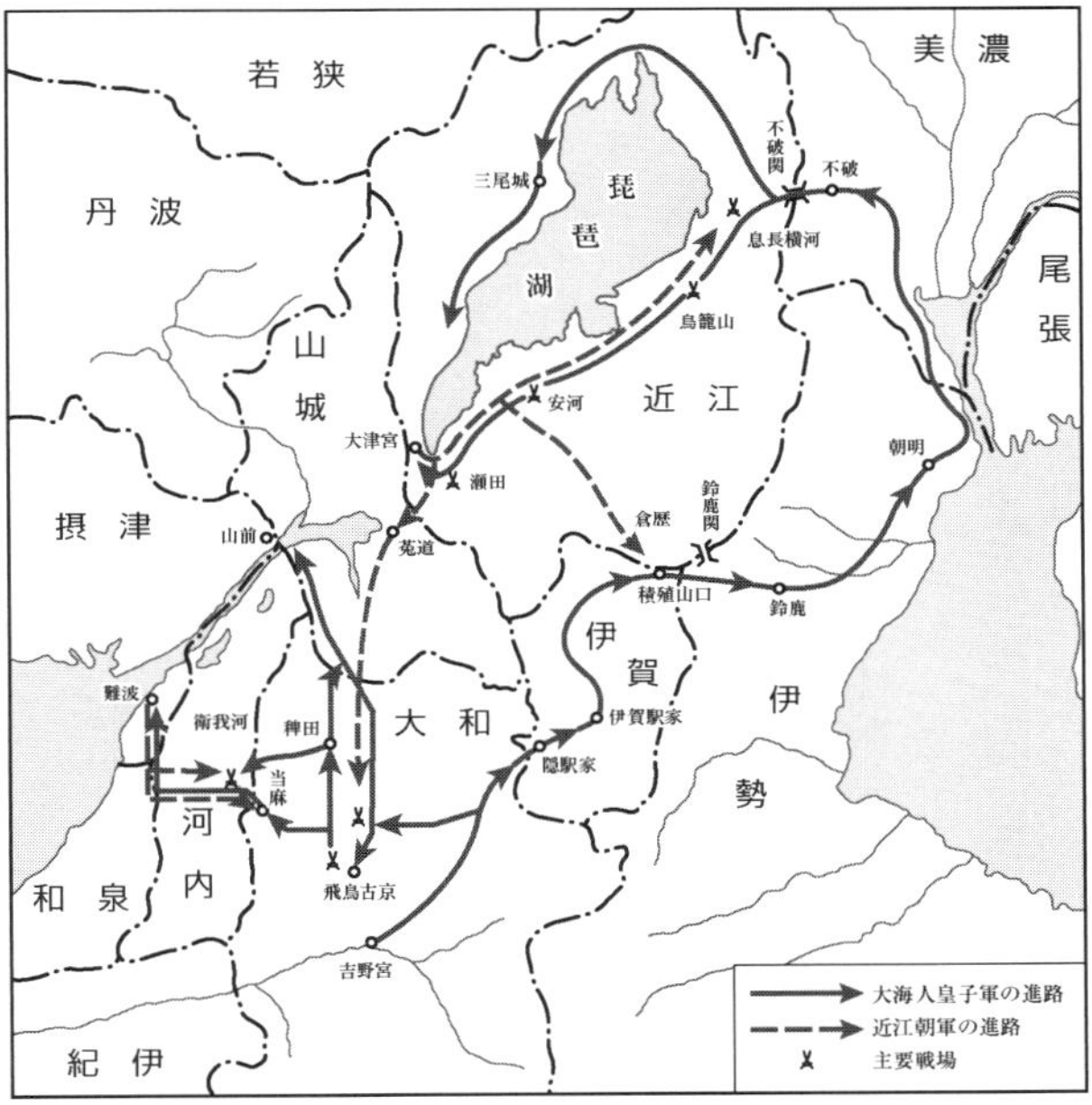

壬申の乱要図

〔筆者註〕『日本書紀』訳者頭注は「大津道」と「丹比道」について次のように解説している。河内平野の南部を約一・九kmの間隔で長尾街道と竹内街道がほぼ平行に東西に通じている。前者を大津道、後者を丹比道にあてるのが有力。この場合、大津道は柏原市船橋町付近で大和川を渡り竜田道に接続し、丹比道は大阪府羽曳野市野々上付近で方向を東南に変え、石川を渡り竹内峠を越えて大和に入る。大津道は旧大和川の堤に沿って難波へ至る道（渋河道）とする説、竹内街道の羽曳野市野村から西北に斜行して難波へ至る道とする説がある。

ある人が「近江の将壱伎史韓国《いきのふびとからくに》の軍隊である」と告げます。坂本財らは高安城を下り衛我《えが》河を渡り、韓国と戦いますが、兵が少なく防戦できません。七月四日の乃楽山の戦いで敗れた将軍吹負はほんの一、二騎を引き連れて墨坂（宇陀郡榛原町）まで来た時、置始菟の軍に遭遇します。そこで再び引き返して金綱井（橿原市今井町の西小綱町）に駐屯して散り散りになった兵士を呼び集めます。

5　島宮から出発し島宮に帰った大海人

天武元年（六七二）七月二二日将軍吹負は倭《やまと》の地をすっかり平定すると、大坂を越えて難波に向かいます。吹負以外の別将たちは上・中・下の三道から進んで山前（京都府乙訓郡山崎、大阪府枚方市三矢字山前説、枚方市楠葉の山崎説がある）に到着して、川の南で屯営します。

将軍吹負らが駐屯した山前ですが、新幹線京都駅を発車してからまもなく進行方向の左前方に見える桂川・宇治川・木津川が合流して淀川となる辺り、左岸は甘備《かんなび》丘陵の最北端の男山、右岸は西山山地の突端にせり出した天王山の辺りが要害の地となるので、乙訓郡山崎の可能性が高いと考えられます。すると「川の南に屯営した」とあるのは、男山山麓の淀川左岸と推測できます。ここに駐屯するということは、難波と近江の最短距離を押さえることになります。

七月二四日諸々の将軍たちは諸々の罪人たちを捕まえます。二六日将軍たちは不破宮（野上行宮）に参向し大友皇子の首を捧げ大海人の営に前に献じます。八月二五日大海人は高市皇子に近江側の群臣の罪状を宣告させ、右大臣中臣連金を斬刑、左大臣蘇我臣赤兄・大納言巨勢臣比等と中臣連金の子、蘇我臣果安の子を流罪、そのほかはことごとく赦免します。

九月八日大海人は伊勢の桑名に泊まり、九日は鈴鹿、一〇日は阿閉（伊賀国郡阿拝郡）、一一日は名張、一二日は島の宮に入りました。一五日は島の宮から岡本宮に移ります。岡本宮は「舒明紀」二年一〇月条に「天皇、飛鳥岡の傍に移った。これを岡本宮という」とありますが、その所在地がいまなお特定できていません。舒明・皇極が即位していないのであれば、やはり岡本宮は虚構ということになります。

大海人は壬申の乱において、六七一年一〇月二〇日早朝島の宮を出発して六七二年九月一二日島宮に帰還しました。そして島宮に一二日、一三日、一四日の三日間宿泊します。このことは何を意味しているでしょうか。

大海人と古人大兄は同一人物です。そして古人大兄は蘇我馬子の娘法提郎媛と舒明の子です。であれば幼少時代、この島宮で育ったと考えられる大海人＝古人大兄が母の法提郎媛の家（別荘）＝島の宮に帰還したのは当然のことと言えるでしょう。

第10章　持統天皇と藤原不比等

1　天武・持統と皇子六人の吉野の盟約

『日本書紀』巻第三〇持統天皇称制（君主の后が即位せずに政務を執ること）第一段の冒頭には次のように書かれています。

高天原広野姫《たかあまのはらひろのひめ》天皇（持統）は、幼名（諱）は鸕野讃良《うののさらら》という。天命開別天皇（天智）の第二女（長女は大田皇女）である。母は遠智娘《おちのいらつめ》（蘇我倉山田石川麻呂の娘）という〔またの名は美濃津子郎女《みのつこのいらつめ》〕。天豊財重日足姫《あまとよたからいかしひたらしひめ》天皇（皇極重祚斉明）三年（六五七）天渟中原瀛真人《あまのぬなはらおきのまひと》天皇（天武）に嫁いで妃となった。

帝王（天智）の娘でありながら礼を重んじ母としての徳があった。天智天皇元年（六二一）草壁皇子を大津宮（近江）で生んだ。天智天皇一〇年（六七一）一〇月、出家した天武（大海人）に

天智天皇（中大兄皇子）の后妃及び皇子・皇女一覧表

	名称	（父君）	皇子・皇女
1	皇后	倭姫王《やまとひめのおおきみ》（古人大兄皇子）	
2	嬪《ひん》	越智娘《おちのいらつめ》（蘇我倉山田石川麻呂《そがのくらやまだのいしかわまろ》）	大田皇女・鸕野《うの》皇女・建《たける》皇子
3	嬪	姪《めい》娘（蘇我倉山田石川麻呂）	御名部皇女・阿閇《あべ》皇女
4	嬪	橘《たちばな》娘（阿倍内麻呂《あべのうちまろ》）	飛鳥《あすか》皇女・新田部《にいたべ》皇女
5	嬪	常陸《ひたち》娘（蘇我赤兄《あかえ》）	山辺《やまのべ》皇女
6	宮人《きゅうじん》	色夫古《しこぶこ》娘（忍海小竜《おしぬみのおたつ》）	大江《おおえ》皇女・川嶋《かわしま》皇子・泉《いずみ》皇女
7	宮人	黒媛《くろひめ》娘（栗隈徳方《くりくまのとこまろ》）	水主皇女
8	宮人	伊羅都売《いらつめ》（越道《こしのみち》）名不明	施基《しき》皇子
9	宮人	宅子《やかこ》娘（伊賀国造《いがのくにのみやつこ》）名不明	大友皇子

＊鸕野皇女―後の持統天皇　＊阿閇皇女―後の元明天皇

＊建皇子―斉明四年（六五八）八歳で没　＊大友皇子―後の天智皇太子

以上皇子四人、皇女一〇人　計一四人

天武天皇（中大兄皇子）の后妃及び皇子・皇女一覧表

	名称	（父君）	皇子・皇女
1	皇后	鸕野皇女（天智）	草壁皇子
2	后	大田皇女（天智）	大来皇女・大津皇子
3	后	大江皇女（天智）	長皇子・弓削皇子
4	后	新田部皇女（天智）	舎人皇子
5	夫人	氷上《ひかみ》娘（藤原鎌足）	但馬皇女
6	夫人	五百重《いほへ》娘（藤原鎌足）	新田部皇子
7	夫人	太蕤娘（蘇我赤兄）	穂積皇子・紀皇女・田形皇女
8		額田王（鏡王）	十市皇女
9		尼子娘（駒形君徳善）	高市皇子
10		穀媛娘《かじのひめ》（宍人臣大麻呂）	忍壁（刑部）皇子・磯城皇子・泊瀬部《はつせべ》皇女・託基皇女

吉野裕子『持統天皇』（人文書院一九八七年）より（一部改編）

従って吉野に入り、朝廷の猜疑を避けた。このことは天智紀に書かれている。
天武元年（六七二）六月、危機を避けて大海人（天武）に従って東国（三重・岐阜）に向かった。そうして軍衆を集結させ要害を固めた。七月美濃の将軍（紀阿閉麻呂・多品治・三輪子首ら）と大倭《やまと》の豪傑（大伴吹負・三輪高市麻呂・鴨蝦夷ら）は大友皇子を誅殺してその首を持って不破宮に参上した。
天武二年（六七三）皇后となった。皇后（持統）は終始天皇の執務に侍って常に政事《せいじ》に言及し、天皇を補佐した。
朱鳥元年（六八六）九月九日、天武天皇が亡くなった。皇后は臨時に政務を執った。

引用文中後半の「吉野に入り、朝廷の猜疑を避けた……」云々は、病死直前の天智から即位を要請された大海人がその要請を断り吉野に隠遁したことを意味しています。事実、大海人（天武）は吉野で挙兵して、天智がすでに皇位継承者として指名した大友皇子を打倒します（壬申の乱）。

ちなみに太安万侶の『古事記』序は三段（第一段：神代から天皇の歴史を概観、第二段：天武天皇による「記」選録と「書紀」の構想、第三段：安万侶が元明天皇から「記」の撰録を命じられた事）によって構成されていますが、とくに第二段では壬申の乱を制した天武を「天子たるしるしを受けて世界を統《す》べ、天に発する正統を継承して秩序を世界の隅々に及ぼした」と賞賛しています。

持統が天武と結婚した斉明三年（六五七）から壬申の乱の終結（六七二・七月）までは約一四年の歳

月が経過しています。その間、有間皇子（孝徳天皇の皇子）の殺害（六五八）→唐・新羅による百済の滅亡（六六〇）→天智・斉明の九州博多への征西、斉明天皇の死（六六一）→白村江の大敗（六六三）→近江遷都（六六七）→高句麗の滅亡（六六八）→藤原鎌足の死去（六六九）→天智天皇の死去（六七一）→壬申の乱（六七二）など国の内外に次々と重大な事件が起こっています。

ところで持統天皇の系譜をみてもわかるように現在の私たちの常識では考えられない血縁関係によって結ばれています。

持統の父は天智（中大兄）、母は遠智娘です。遠智娘の父は蘇我倉山田石川麻呂（蘇我馬子の孫、入鹿とは従弟関係）です。この石川麻呂は乙巳のクーデターでは中大兄に味方して蘇我王朝（馬子・蝦夷・入鹿）を滅ぼします。蘇我馬子の直系の倉山田石川麻呂が入鹿暗殺に加担したことは、乙巳のクーデターの一年前の皇極三年（六四四）一月条に次のように書かれています。

「大事を謀るのに助けがあるほうがよい。どうか蘇我倉山田麻呂の長女を召し入れて妃とし、姻戚関係を結んでください。その後の事情を説明して共に事を計りましょう。成功するにはこれが一番近道です」と中臣鎌子連。

中大兄の了解をとった中臣鎌子連はすぐに自ら仲人となって婚約を取り決めた。ところが蘇我倉山田の長女が約束の夜に一族の者に連れ去られた（一族の者とは身狭臣（日向）をいう）。次女の遠智娘が「どうぞ心配なさらないでください。私を進上しても遅くはないでしょう」と途方にく

◎持統天皇の略系譜〔吉野裕子著『持統天皇』より。一部改変〕

ゴチックは壬申の乱の関係者

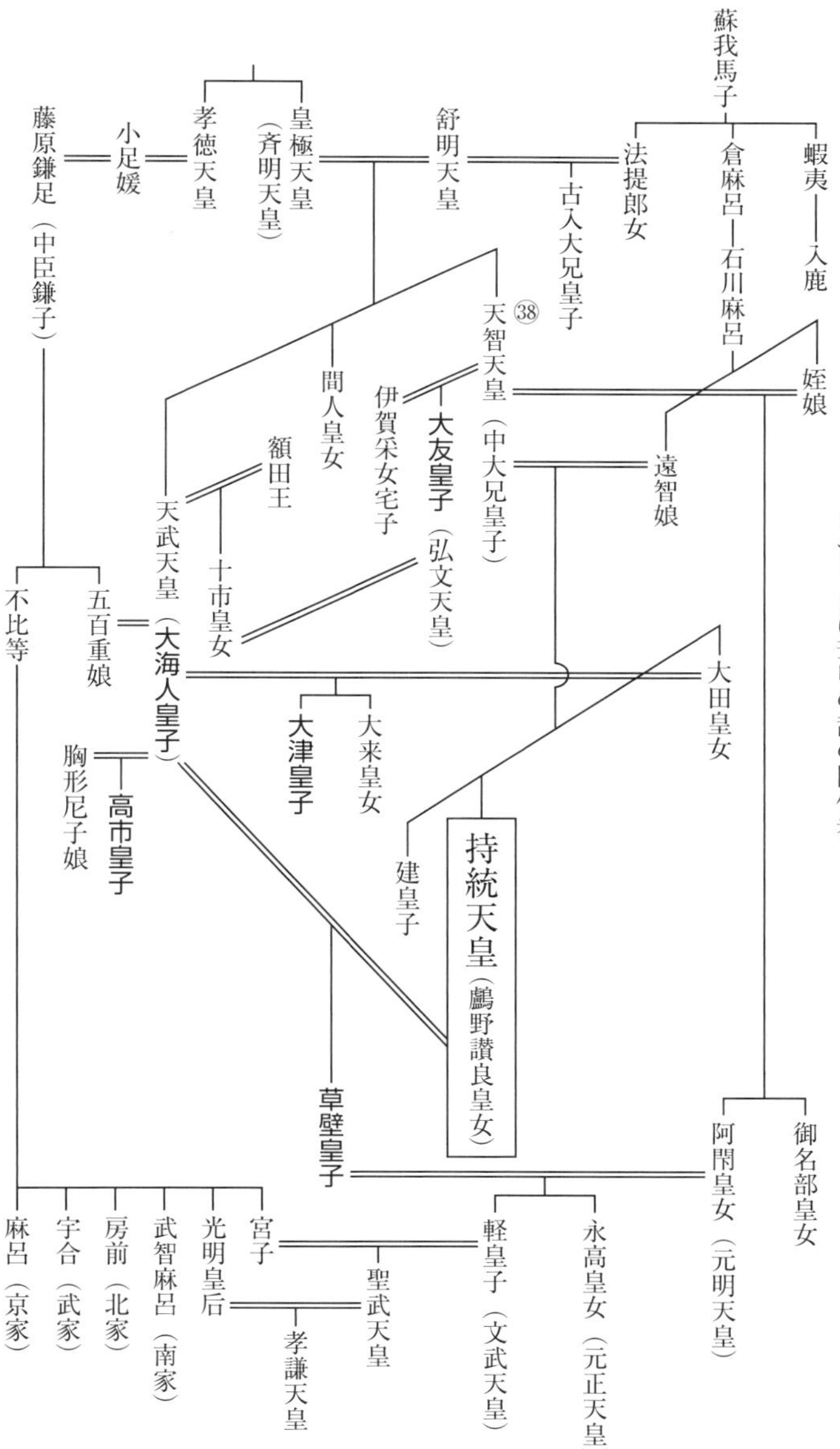

れていた蘇我倉山田麻呂を慰めた。

その倉山田石川麻呂（右大臣）が弟蘇我日向による讒言により山田寺で自害します。『日本書紀』孝徳天皇大化五年（六四九）三月条に次のようなことが書かれています。

皇太子（中大兄）の妃蘇我造媛《そがのみやつこひめ》は、父大臣が物部二田造塩《もののべのふったのみやつこしお》に斬られたと聞いてその名を聞くことを心底嫌った。このため造媛に近侍する者は「塩」の名を口にすることが忌まわしく、呼称を改めて「堅塩《きたし》」と言った。造媛はついに心痛のあまり亡くなった。

冒頭の引用文中の割注に持統の母遠智娘の別名として「またの名は美濃津子娘《みのつこのいらつめ》」とありますが、美濃は当時三野ともかいたので、三野は「みの」が「みや」に訛って「造媛」に書かれたという説があります。美濃津子娘と造媛が同一人物であれば鸕野讃良（持統）は幼くして母を失ったことになります。

持統は一三歳の時叔父にあたる大海人（天武）に嫁ぎますが、中大兄（天智）は鸕野讃良だけではなく大田皇女、大江皇女、新田部皇女を弟の大海人に嫁がせています。天智元年（六六二）鸕野讃良は草壁皇子を生み、翌年、姉の大田皇女は大津皇子を生みます。天智六年（六六七）大田皇女は亡くなったので鸕野讃良（持統）は后候補の第一となります。

ちなみに天智天皇の宮人として色夫古娘《しこぶこ》（父は忍海小竜）、黒媛（父は栗隈徳方）、伊羅都売《いらつめ》（父の名は不明）、宅子娘《やかこ》（父は伊賀国造）がいます。伊羅都売の男子が施基《しき》皇子で、宅子の男子が大友皇子です。したがって施基皇子も大友皇子も皇位継承権をもちます。

続いて『日本書紀』持統天皇称制第一段には次のように書かれています。

皇子大津に欺かれた直広肆八口音橿《やぐちのおとかし》・小山下壱伎博徳・大舎人中臣朝臣麻呂・巨勢多益須《たやす》・新羅僧行心ら三〇人余が逮捕され、三日皇子大津は訳語田（奈良県桜井市戒重）で処刑された。時に年二四歳であった。妃皇女山辺（天智の皇女）は髪を振り乱し、素足のまま駆けつけて殉死した。見る者は皆すすり泣いた。

皇子大津は天渟中原瀛真人天皇《あまのぬなはらおきのまひとのすめらみこと》（天武）の第三子である。立ち居振舞は高く際立っており、言辞は明瞭である。天命開別天皇（天智）に愛された。成人してからは学才に優れ文筆を好んだ。

二九日持統は「皇子大津は謀反を企てた。欺かれた吏官・帳内《とねり》はいたしかたがない。今、皇子大津はすでに死んだ。皇子大津に連座した従者は皆赦《ゆる》せ。ただし帳内の砺杵道作《ときのみちつくり》は伊豆に流せ」と命じた。また「新羅の僧行心は皇子大津の謀反に加わったが、私は処罰するには忍びない。飛騨国の寺院に送れ」と言った。

一一月一六日伊勢神の祭祠に仕えていた皇女大来（母は大田皇女、弟は大津皇子）が京に呼び返された。

『日本書紀』のこの記事を読み、天武の第三子である大津皇子が謀反を企てたと思う者は誰もいないはずです。吉野で謀反を起こした古人大兄の話は『日本書紀』の創作（フィクション）であることは先述した通りですが、この大津皇子が「謀反を企て処刑された」とあからさまに書かれているのには驚きを禁じ得ません。

それでは大津皇子が謀殺されるなんらかの予兆があったのでしょうか。天武の子の中でも特に大津皇子は「天武紀」に多く登場します。壬申の乱では高市皇子とともに活躍しています。予兆と言えば『日本書紀』天武八年（六七九）条に次のような記事があります。

五月五日天皇（天武）は吉野宮に行幸された。六日天皇は皇后及び草壁皇子・大津皇子・高市皇子・河島皇子・忍壁皇子・芝基皇子に「私はお前たちと盟約を結び千年の後まで事の起こらないようにしたいと思うが、どうか」と言った。皇子たちは「道理はまことに明白です」と答えた。さらに草壁皇子尊は「天神地祇および天皇よ、どうかお聞き下さい。私ども兄弟は長幼併せて一〇人余りの王はそれぞれ異なった母から生まれました。しかし同母、異母にかかわらず共に助け合い、逆らうことはありません」と誓った。五人の皇子たちも次々と草壁の言葉にならって盟約をした。

天皇は「我が子供たちはそれぞれ異なった母から生まれたがこれから同母兄弟のように慈しも

う」と言い、衣の襟（衣の頸）を開いて六人の皇子を抱き「もしこの盟約に背けば、我が身は亡びるだろう」と言った。皇后（持統）もまた天皇と同じように盟約した。

『日本書紀』によればこの盟約二年後の天武一〇年（六八一）二月二五日、天武と皇后持統は親王及び諸臣を集めて「私は今また律令を定め、法式を改めたいと思う」と詔して、同日草壁皇子を皇太子とします。

天武と皇后持統をふくむ草壁皇子を筆頭とする六人の皇子による盟約は、多少の粉飾があるにしても実際にあったと言ってよいでしょう。でなければ正史の『日本書紀』にわざわざ載せるわけがありません。またこの盟約が天武・持統にとって最大の関心事である嫡子草壁の即位継承のためであったことは間違いありません。草壁の立太子を他の五皇子に納得させる儀式でもあったのです。

2　大津皇子の刑死と高市皇子の死

草壁皇子の立太子以降における天武の動向を『日本書紀』にみると、四年後の天武一四年（六八五）九月二四日条に「天皇が病気になられたために、三日間、大官大寺・川原寺・飛鳥寺で誦経《ずきょう》させた」とあり、翌朱鳥元年（六八六）五月二四日条には「天皇は病が重くなり、川原寺で薬師経を説かせた」と書かれています。

また同年六月一〇日条には「天皇の病気を占卜《せんぼく》したところ、草薙剣が祟っていた。その日に尾張国の熱田神社に送り、安置した」と書かれています。さらに七月一五日条に勅《みことのり》があり、「天下の事は大小を問わず、すべて皇后と皇太子（草壁）に報告せよと、言った」とあります。

かくして朱鳥元年（六八六）九月九日天武は亡くなります。そして天武の殯（葬送儀礼）をへて大内陵の埋葬も終わった持統三年（六八九）四月一三日草壁皇子が死去します。即位後継者の中枢にいた草壁皇子の病死と大津皇子の刑死が単なる偶然とみるにはあまりにも不自然です。また即位継承者の第三番目の位置にいた太政大臣の高市皇子も持統天皇一〇年（六九六）七月一〇日に亡くなります。

草壁・大津・高市は女性天皇持統の次期後継者の主要人物です。この三人と天武が短期間のうちに亡くなったのですから朝廷にとって一大事です。高市皇子は持統が即位した六九一年の七月太政大臣に任命されますが、以後、皇族・臣下の筆頭として持統天皇を支えます。この高市皇子の死去を『日本書紀』は「後皇子《のちのみこのみこと》が薨去した」と伝えています。この記事も草壁皇子の扱いと同じ一行にもみたない記事です。

『埋もれた巨像』の著者上山春平は「持統のもとで太政大臣の地位にあった最年長の高市皇子が亡くなった直後（持統天皇一〇年＝六九六年の夏から秋にかけて）草壁皇子の嫡子軽皇子（文武）の立太子をめぐり皇位継承のルールに関する紛糾があった」と指摘しています。

上山春平は藤原不比等（六五九？—七二〇）こそ大津皇子の刑死と軽皇子の継承をめぐる紛糾を通

して持統のもっとも信頼すべき協力者であり、大化のクーデター前後における天智と藤原鎌足との関係に酷似《こくじ》しているとみています。

大津皇子の処刑を持統の謀殺とみる歴史家は少なくありません。上山春平も不比等ほど打ってつけの人物はいないとみて、次のように語っています。

壬申の乱のときの不比等（一三歳）の近親たちは大友皇子の側であったから、不比等は壬申の乱の功臣たちやなじみの深い天武の皇子たちに対して一種の違和感を持っていたのではないかと想定されます。

他方、不比等にとって天武の皇子たち、とくに壬申の乱に戦功のあった天武の皇子たちに皇位がいくことは、自分の政治生命にとってマイナスの効果を生じる可能性が高いのに対して、持統の秘密の協力者として寵臣になることは壬申の乱の功臣たちを押しのけて政界の優位に立つ唯一の血路と見たに違いありません。

上山春平によれば『日本書紀』の持統称制前紀（朱鳥元年一〇月二日）に「皇子大津の謀反が発覚した。皇子大津を逮捕し、併せて皇子大津に欺かれた直広肆《こうし》八口音橿・小山下壱岐博徳と、大舎人中臣臣麻呂《おみまろ》・巨勢田益須《たやす》ら三〇人余を逮捕した」と記されているにもかかわらず、三年後の持統三年（六八九）正月二六日条に「判事」とされた人物のなかに藤原史《ふびと》（不比等）と一緒に大津皇子の謀反に加わった中臣臣麻呂・巨勢田益須の名があるからです。

「判事」は現在の判事と同じように裁判に関係する官職であり、大宝令や養老令では刑事部に所属しています。藤原不比等らが判事に任命されたとき、不比等は従五位下相当の浄広肆《じょうこうし》であり、中臣意美麻呂と巨勢多益須は従七位下相当の務大肆《むだいし》です。

さらに意美麻呂と田益須の履歴を追跡しますと持統七年（六九三）六月四日条に「巨勢多益須・葛

古代爵位変遷表

<table>
<tr><th colspan="2">大宝元年（七〇一）</th><th colspan="2">天武一四年（六八五）</th><th rowspan="2">天智三年（六六四）</th></tr>
<tr><th>諸王諸臣</th><th>親王</th><th>諸臣</th><th>諸王以上</th></tr>
<tr><td>正一
従一</td><td>一品</td><td rowspan="2">正 大一 広一 大二 広二</td><td rowspan="2">明 大一 広一</td><td>大 小 織</td></tr>
<tr><td rowspan="2">正二
従二</td><td rowspan="2">二品</td><td rowspan="2">大 小 繍</td></tr>
<tr><td rowspan="2">正 大三 広三 大四 広四</td><td rowspan="2">明 大二 広二</td></tr>
<tr><td>正三
従三</td><td>三品</td><td>大 小 紫</td></tr>
<tr><td>正四 上下
従四 上下</td><td>四品</td><td>直 大一 広一 大二 広二</td><td>浄 大一 広一 大二 広二</td><td>大錦 上中下</td></tr>
<tr><td>正五 上下
従五 上下</td><td rowspan="8"></td><td>直 大三 広三 大四 広四</td><td>浄 大一 広一 大二 広二</td><td>小錦 上中下</td></tr>
<tr><td>正六 上下</td><td>勤 大一 広一 大二 広二</td><td rowspan="10"></td><td rowspan="2">大山 上中下</td></tr>
<tr><td>従六 上下</td><td>勤 大三 広三 大四 広四</td></tr>
<tr><td>正七 上下</td><td>務 大一 広一 大二 広二</td><td rowspan="2">小山 上中下</td></tr>
<tr><td>従七 上下</td><td>務 大三 広三 大四 広四</td></tr>
<tr><td>正八 上下</td><td>追 大一 広一 大二 広二</td><td rowspan="2">大乙 上中下</td></tr>
<tr><td>従八 上下</td><td>追 大三 広三 大四 広四</td></tr>
<tr><td>大初 上下</td><td rowspan="2"></td><td>進 大一 広一 大二 広二</td><td>小乙 上中下</td></tr>
<tr><td>小初 上下</td><td>進 大三 広三 大四 広四</td><td>大 小 建</td></tr>
</table>

原（藤原）臣麻呂（意美麻呂）を直広肆（一五階上位の従五位相当）とする」とあります。ちなみに『続日本紀』によれば不比等が右大臣（正二位）に任命された和銅元年（元明天皇二年＝七〇八）には、臣麻呂は神祇伯（正四位下）、巨勢多益須は大宰大弐（従四位上）に任命されています。

こうしてみると大津皇子の謀反事件（冤罪事件）における意美麻呂と不比等の関係は疑う余地はないでしょう。上山春平による臣麻呂と巨勢多益須の履歴追跡のなかで最も大きな成果は伊伎（伊吉、壱岐）博徳と不比等の関係を明らかにしていることです。上山春平は「伊伎博徳」について次のように書いています。

大津の謀反事件に連坐したもののなかには少なくとももう一人不比等と密接な関係にあったと想定される人物がいます。伊岐博徳という帰化系の人物です。博徳は大化改新以降の孝徳朝から天智朝にかけて、唐との外交の任務にたずさわり、斉明五年（六五九）に遣唐使の随員として唐に派遣されたこと、天智三年（六六四）に唐の使節郭務悰の接待に当たったことなどがわかっています。

また彼の外交に関する記録は『日本書紀』の孝徳紀や斉明紀に注の形で入れられています。たとえば『日本書紀』の天智三年一〇月一日条に「唐の使節郭務悰に鎌足が贈物をした」とありますが、『善隣国宝記』（『続群書類従』）「海外国記」の天智三年九月条に、博徳が津守吉祥や僧智辯とともに郭務悰の接待役を務めたことが書かれています。

筆者の調べによれば伊吉博徳は『日本書紀』天武天皇一〇年（六八一）一〇月二九日条に次のような記事のなかに書直智徳の名で見えます。

田中臣鍛師《かぬち》・柿本猿（人麻呂）・田部連国忍《たべむらじくにおし》・高向臣麻呂・粟田臣真人（後述）・物部連麻呂・中臣連大島・曾禰連韓犬《そねのむらじからいぬ》・書直智徳《ふみのあたいちとく》、あわせて一〇人に、小錦下位を授けられた。

ところで驚くのはこの記事のなかに柿本人麻呂の名が「猿」の名で登場していることです。天武天皇一三年（六八四）一一月一日条に朝臣の姓《かばね》を与えられた五二氏のなかに柿本臣が見えますが、人麻呂であるかどうかは断定できません。

『日本書紀』に人麻呂に関係する名があるのはこの二ヵ所ですが、『続日本紀』元明天皇和銅元年（七〇七）四月二〇日条に「従四位下柿本朝臣佐留《さる》が卒《そつ》した（死んだ）」と素っ気なく書かれていることからも『日本書紀』の柿本人麻呂と同一人物とみてよいでしょう。『万葉集』であれほど天武・持統・草壁を称賛した天才歌人のこのような扱いをみると梅原猛が指摘するように出雲に左遷されたとしか考えられません。

なお、『日本書紀』白雉五年（六五四）二月条の注に不比等の兄定恵について「天智四年劉徳高らの船に乗って帰ってきた」と書かれていますが、『日本書紀』天智四年（六六五）九月二二日条に

「唐の国が劉徳高らを遣わした」という記事があり、その注の「劉徳高ら」の「ら」には「前の年にやってきた郭務悰が含まれている」と書かれています。おそらく博徳は唐の使節の接待役を担ったに違いありません。

藤原氏の『家伝』（『寧楽遺文』下巻）によれば、定恵は九月遣唐使たちと一緒に帰国していますが、その年の一二月二三日亡くなっています。このように博徳は斉明朝から天智朝にかけて外交面で華々しく活躍していますが、天武朝では姿を消してしまいます。

しかし奇妙なことに博徳は大津事件に連坐した後、ふたたび活動を始めています。『日本書紀』によれば大津事件が起こって九年目の持統九年（六九五）、博徳は四階上位の務大弐（正七位下相当）の位で遣新羅使に任命されています。また『続日本紀』によればその五年後の文武四年（七〇〇）に一階上位の直広肆（従五位下相当）の肩書で、大宝律令の編纂メンバーの一人にあげられています。

不比等と博徳の関係がはっきりわかるのは律令編纂メンバーのリストだけですが、不比等が刑部《おさかべ》（忍壁）王に次いで二番目にあげられ、博徳は不比等から二つおいて五番目です。大宝律令の編纂事業の最高責任者となった藤原不比等は、おそらく大津事件を契機にして漢文に熟達した博徳を多数のメンバーのリーダーとして登用したのでしょう。

3 大宝律令の最高責任者藤原不比等

『続日本紀』は、文武天皇元年（六九七）から桓武天皇延暦一〇年（七九一）までの九五年間の歴史を扱った『日本書紀』に続く日本の正史（歴史書）です。前半部分（三〇巻）は光仁天皇の命で石川名足《なたり》、淡海三船《おうみのみふね》らが編纂事業にかかわりますが、途中、トラブルのため光仁の子桓武天皇の命によって菅野真道《すがのまみち》らによって七九四年に全四〇巻が完結します。

淡海三船（七二二?―七八五）は天智天皇の子弘文（大友皇子）の曾孫ですが、天平勝宝三年（七五一）の臣籍降下で淡海三船の氏姓を賜与され、御船王から淡海三船に名を改めました。淡海三船は神武から元正《げんしょう》まで四四代（四四人）の天皇の漢風諡号《かんぷうしごう》を一括選進した文人として広く知られています。

ところが『続日本紀』によれば、文武天皇大宝二年（七〇二）六月に派遣された粟田真人を遣唐執節使とする遣唐使一行は、唐に滞在すること三年もかけて「日本」の国名についてややこしい交渉をしています。しかもこのような重大任務を負った粟田真人が藤原不比等や壱伎（伊吉）博徳らと一緒の律令編纂のメンバーであったとするなら、粟田真人（生年不詳―七一九）の出自と人となりについて説明をしておかなければなりません。

実は、粟田真人は孝徳天皇白雉四年（六五三）の道昭（六二九―七〇〇）や中臣大島（持統天皇の時の神祇伯）ら第二次遣唐使の一員として同行した還俗《げんぞく》（僧侶になった者が世俗に戻ること）の道観その人なのです。

粟田真人は『日本書紀』に四回登場します。天武一〇年の柿本猿・伊吉智徳らと一緒に小錦下位を授けられた記事、同一三年の五一氏の一人として朝臣の姓を賜った記事です。また持統三年（六八九）正月九日条には「筑紫大宰粟田真人朝臣らが隼人一七四人、あわせて布五〇常《じょう》、牛皮六枚、鹿皮五〇枚を献上した」と書かれています。

さらに持統三年六月二〇日条に「筑紫大宰粟田朝臣に詔して、学問僧明聡・観智らが新羅の師や友に送るための綿を、それぞれに一四〇斤を賜った」と書かれています。そして『続日本紀』元正天皇養老三年（七一九）二月五日条に「正三位粟田真人が薨じた」と書かれています。

すると上山春平が指摘しているように壱伎（伊吉）博徳も孝徳天皇白雉四年（六五三）の遣唐使の一員として同行しているはずです。白雉四年は中大兄皇子（天智）と鎌足による蘇我蝦夷・入鹿暗殺の乙巳のクーデターから八年目の年です。しかもこの遣唐使には鎌足の長子一〇歳の定恵《じょうえ》も随行しています。であれば不比等の父鎌足と博徳の関係は明らかです。

また船史恵尺の子と言われている道昭は帰国後、法興寺（別名、飛鳥寺）の一隅に禅院を建立して法相宗（のちの興福寺の宗派）を広めます。道昭は俗姓を船連《ふねのむらじ》と言い河内国丹比郡《たじひのこおり》で生まれています。白雉四年の遣唐使に同行した際、玄奘三蔵《げんじょうさんぞう》のもとで法相宗《ほっそう》を学び斉明七年（六六一）に帰国しています。

道昭の父船史恵尺については、『日本書紀』皇極四年（六四五）六月一三日条に「蘇我蝦夷らは誅殺されるにあたって、天皇記・国記のすべてを焼いた。船史恵尺はとっさに、焼かれようとしている国記を取り中大兄に奉った」と書かれています。

鎌足・不比等親子や道昭と密接な関係にあった遣唐執節使粟田真人こと道観が「日本」の名称について唐側（武則天＝則天武后）にまわりくどい説明をしなければならなかったのは次のような理由が考えられます。

六六〇年（斉明六）の隣国百済の滅亡を知った中大兄は、唐・新羅連合軍がさらに九州地方に攻めてくることを懼《おそ》れ、倭国を九州島の倭国と四国・本州を領域とする日下《くさか》国に分離し、日下国こと日本は小国で唐・新羅と国交のない国としたのです。

そもそも天智政権が唐・新羅連合軍と百済の白村江の戦いに国家存亡をかけて百済救援軍を送ったのは、天皇家（天智・天武）にとって百済はもちろんのこと朝鮮半島がかけがえのない母国であったからです。文武天皇大宝二年（七〇二）に粟田真人ら遣唐執節使を派遣した時の最高権力者は藤原不比等です。

天智・天武後の女帝持統（六四五―六九五）は差し迫った皇位継承の難問ばかりでなく、天智・天武がやり残した白村江の戦後処理も藤原不比等に委ねなければなりません。不比等は乙巳のクーデターにおいて中大兄（天智）の参謀役として大きな働きをした中臣鎌足の子です。

稀代の政治家であるにもかかわらず、不比等ほど正体不明の人物は日本の歴史上特別な存在と言わなければなりません。不比等は藤原鎌足の次男として斉明四年（六五八）に生まれ、母は車持君与志古娘《くるまもちのきみよしこのいらつめ》とされています。

しかし『大鏡』などによると、「天智が、生まれた子が男ならば、お前の子にし、女ならば朕のものにするといって妊娠中の女御《にょご》を鎌足に与えたが、生まれたのは男で、それが不比等であった」と伝えられています。

さて『日本書紀』の不比等の初出は先述の「藤原朝臣史《ふびと》」の名で持統三年（六八九）二月六日の次の記事です。

浄広肆《じょうこうし》竹田王・直広肆《じきこうし》土師宿禰根麻呂・大宅朝臣麻呂・藤原朝臣史《ふびと》・務大肆《むだいし》当麻真人桜井・穂積朝臣山守・中臣朝臣臣麻呂・巨勢朝臣多益須《こせのあそみたやす》・大三輪朝臣安麻呂を判事とした。

この記事の一人藤原朝臣史について『日本書紀』訳者頭注には次のように書かれています。「鎌足の第二子。不比等とも。扶養氏族田辺史大隅の名にちなむ。『懐風藻』『扶桑略記』に斉明四年（六五八）、『尊卑文脈』には斉明五年（六五九）の生まれとある」と書かれています。さらに藤原朝臣不比等の名で『日本書紀』持統一〇年（六九六）一〇月二二日条に次のように書かれています。

正広参位右大臣丹比真人に資人《つかいびと》一二〇人、正広肆大納言阿倍朝臣御主人《あへのあそみみあるじ》・大伴宿禰御行《おおとものすくねみゆき》の両人には八〇人、直広壱《じきこういち》石上朝臣麻呂《いそのかみあそみまろ》・直広弐藤原朝臣不比等の両人には五〇人を仮に賜った。

持統天皇と不比等との関係については『日本書紀』の人名索引によってもこの二件のみで他に手掛

かりはありません。しかし七五六年（天平勝宝八）六月の光明皇后（七〇一―七六〇。聖武天皇の皇后。不比等と橘三千代の子。聖武天皇の母藤原宮子は異母姉。諱は安宿媛）が東大寺に献納した『東大寺献物帳』（遺品目録）のなかから黒作懸佩刀《くろづくりかけはきのかたな》についての説明書（由緒）が見つかっています。それには次のように書かれています。

右、日並皇子《ひなみしのみこ》、常に佩持《はいじ》（身につける）せられ、太政大臣（原本の「太臣」は「大臣」に同じ）に賜う。大行天皇、即位の時、すなわち献ず。大行天皇、崩ずる時、また大臣に賜う。大臣、薨ずるの日、さらに後太上天皇に献ず。

上山春平は「大行天皇」を元明、「太政大臣」を藤原不比等、「後太上天皇」を聖武天皇として、黒作懸佩刀は草壁→不比等→文武（軽）→不比等→聖武に伝来したとしています（『埋もれた巨像』）。皇位継承者（日並皇子）の草壁を失った母持統は、近い将来、草壁と正妃阿閉（元明天皇）の子軽皇子（文武）を即位させるため時の実力者藤原不比等を後見人として頼らざるを得なかったのです。

藤原不比等は大宝律令（七〇一）、平城京（七一〇）、そして『古事記』（七一二）と『日本書紀』（七二〇）を完成させます。しかも律令選定完了後（七〇〇）に不比等と女官橘三千代との間に安宿媛《あすか》（のちの光明皇后）（七〇一年誕生）が生まれます。

『続日本紀』によれば大宝律令の選定にかかわった人物は刑部（忍壁）親王・藤原不比等・粟田真

人・下毛野古麻呂《しもつけのこまろ》とされています（そして壱伎博徳も加わっています）。刑部親王は天武の諸皇子の中で最年長であり、七〇五年に亡くなります。下毛野古麻呂は下野国の国造家を出自とする貴族ですが七一〇年に亡くなっています。

大宝律令が発布された年、文武天皇の夫人宮子（不比等の長女）に首皇子《おびと》（聖武）が生まれます。つまり不比等は文武天皇の夫人宮子の父であり、聖武天皇の后《きさき》光明子の父であり、同時に聖武天皇の祖父となる類まれな稀代の政治家であったのです。

藤原不比等は陰謀・策略をめぐらす深謀遠慮の政治家であるばかりではありません。天皇神話（日本神話）の創出者であり、歴史家であり、思想家であり、かつ陰陽（二律背反）を知る宗教者でもあったのです。

藤原不比等と橘三千代の娘光明皇后が開基したという法華寺（国分寺・国分尼寺建立の端緒となる。奈良市法華寺町八八二。JR奈良駅西口や近鉄京都線の大和西大寺からバスがあります）には光明皇后をモデルにしたという「一一面観音像」（和辻哲郎著『古寺巡礼』参照）が安置されています。また「維摩居士像」は二〇一七年（平成二九）に国宝に指定されましたが、上山春平はすでに「維摩居士像」が藤原不比等をモデルにつくられたと想定しています（『埋もれた巨像』参照）。なぜなら法華寺（法華滅罪の寺）は平城京の東北東の藤原不比等の邸跡に作られているからです

4　だれが万世一系天皇の物語をつくったのか

『埋もれた巨像』の著者上山春平は天皇家と藤原氏の関係について次のように述べています。

『日本書紀』には聖徳太子が天皇紀の史料作成に着手したことや、天武が帝紀や旧辞の整理を命じたことが伝えられているが、元明・元正の両女帝の治世に完成されたその成果を検討してみるならば、それが天皇家の皇権回復の願望を巧みに吸い上げる形で、律令体制づくりという大義名分をかざしながら、その背後で密かにすすめられた藤原氏独裁体制づくりの手段に転化されたのではあるまいか、という疑惑を深めざるを得ない。

上山春平によれば、元明朝のもとで実権を握っていた不比等にとって「記紀」の仕上げの形が方向づけられたことになります。まして『古事記』の編纂にあたった太安万侶などは、律令づくりの下毛野古麻呂、都城づくりの小野馬養、太政官における丹治比三宅麻呂などとならんで、律令体制づくりの大義名分のもとで組織された巨大チーム・ワークを担った律令官員です。「もしかしたら太安万侶自身が『日本書紀』の編纂者の一人ではなかったか」と上山春平は想像をたくましくしています。

津田左右吉の「神代史は権威の由来を説くために作られたものである」(『上代日本の社会及び思想』)という説を発展的に解釈した上山春平は「『古事記』と『日本書紀』の二つの書物は外見的にも内容

的にもさまざまな相違を示しているにもかかわらず、どちらも時期がきわめて近接し、かつどちらも天皇を頂点とする朝廷によって作られた書物である」と指摘しています。

上山春平には在野の古代史研究者石渡信一郎が指摘する「新旧二つの朝鮮渡来集団による日本古代の国家建設」（『応神陵の被葬者はだれか』、『増補新訂版・百済から渡来した応神天皇』）の概念は欠如していますが、藤原不比等の手による天皇神話＝日本神話の創出については両者の考えはほぼ一致しています。

しかし上山春平の厩戸王（聖徳太子）実在説とは異なり、「聖徳太子はいなかった」とする石渡信一郎は藤原不比等がどのようにして日本神話をつくったのか明らかにすることに成功しました。以下、「日本神話誕生」のカラクリを説明します。

文武八年（慶雲元・七〇四）九月一〇日遣唐執節使粟田真人から帰国の報告を受けた藤原不比等ら律令政府首脳は、すでに新神祇《じんぎ》制度＝司牧人神《しぼくじんしん》の施行のため最終段階に入っていました。実際、七〇四年一〇月二三日には「天皇が人と神を統治する」という詔勅が文武天皇によって出され、元明天皇二年（和銅元・七〇八）から三年にかけて施行されます。

しかしこの宗教・思想にかかわる新神祇制度＝司牧人神（人と神を統一して天下を治める）が施行されたことが、『続日本紀』にはまったく記録されていません。大宝律令の直後に不比等を中心にして作られた養老律令が天平宝字元年（七五七）藤原仲麻呂（不比等の孫）によって施行されますが、その編纂過程はほとんど明らかになっていないのです。

不比等が施行した「新神祇制度」は一口で言えば、〝アマテラスを祖とし、神武を初代天皇とする天皇の系譜〟を決定したことです。その際、蘇我王朝三代（馬子→蝦夷→入鹿）を抹殺し、大王馬子の分身に聖徳太子をつくったのです。

次のようなことが推測できます。藤原仲麻呂は不比等の長子藤原武智麻呂《むちまろ》（六八〇―七三七）の次男です。実際、武智麻呂は父不比等の律令制度の施行に深くかかわっています。「新神祇制度」は大宝律令の改訂として追加修正された法令（＝格）の一つである神祇令《じんぎりょう》ですが、その内容上、極秘事項とされたと考えられます。したがって孫の仲麻呂も祖父の新神祇制度については秘密を守ったのでしょう。

ところが文武天皇八年から元明天皇三年までに行われた新神祇制度は記録されなかったのではなく、『日本書紀』崇神天皇四年（BC九四、丁亥年）から同九年（BC八九、壬辰年）までの記事として復元（挿入）されているのです（本書冒頭の系図を参照）。

つまり不比等が施行させた新神祇制度を崇神天皇が行なったことにして干支一三運（六〇年×一三＋一〇年＝七九〇年さかのぼらせて『日本書紀』崇神紀に挿入しているのです（『日本神話と藤原不比等』石渡信一郎、信和書房）。

崇神天皇四年（BC九四、丁亥年）の一〇月二三日の記事を引用します。

四年（丁亥年）一〇月二三日、崇神天皇は「そもそも我が皇祖のすべての天皇が、皇位を継ぎ政事《まつりごと》を行ってきたのは、ただ一身のためではない。思うに人と神とを統治し、天下を治めるためである。それゆえによく世々に深遠な功績を広め、時につけ最上の徳行を天下に流布されたのである。今、私は皇位を継承し、民を愛育することとなった。いかにして、いつまでも皇祖の跡を継承し、永く無窮の皇統を保持すればよいだろうか。それは群卿・百僚ら、お前たちが忠誠を尽くし、共に天下を平安にすることが、何より大切であろう」と詔した。

引用後半の「いつまでも皇祖の跡を継承し、永く無窮の皇統を保持すればよいだろうか」という箇所は、大日本帝国憲法（明治憲法）告文《こうぶん》の「天壌無窮」「神の宝祚を承継」や、明治憲法の翌年に公布された教育勅語「天壌無窮の皇運を扶翼《ふよく》すべし」に酷似しています。

またこの教育勅語は『日本書紀』推古天皇一二年（六〇四）三日条の聖徳太子が作ったとする一七条憲法第三条にも似ています。

三にいう。王（天皇）の命令をうけたならば、かならず謹んでそれにしたがいなさい。君主はいわば天であり、臣下は地にあたる。天が地をおおい、地が天をのせている。かくして四季がただしくめぐりゆき、万物の気がかよう。それが逆に地が天をおおうとすれば、こうしたととのった秩序は破壊されてしまう。

これらフレーズ（言葉）が似ているのは『日本書紀』神代下第九段一書第一のアマテラスから孫のホノニニギ（火瓊瓊杵尊）に次のように告げられた、いわゆる「天孫降臨」の際の言葉に由来しているからです〔筆者註：第九段の正文では司令神はタカミムスヒ。一書のアマテラスのような神勅の言葉はない〕。

豊葦原千五百秋瑞穂国《とよあしはらのちいほあきのみずほのくに》は、我が子孫が君主たるべき地である。汝皇孫よ。行って治めなさい。さあ、行きなさい。宝祚《あまつひつぎ》の栄えることは、天地とともに窮まることがないだろう。

ところで上山春平は『古事記』の系統図を根の国系（地）と高天原《たかまがはら》系の二つの系譜の対立構造としてとらえ、天つ神は高天原に住み、国つ神は根の国に住む神とし、高天原系の神々をタカミムスヒ↓イザナキ↓アマテラス↓ホノニニギ、根の国系をカムミムスヒ↓スサノオ↓オオクニヌシとしています。

そして『古事記』と『日本書紀』という二つの書物は外見的にも内容的にもさまざまな相違を示しているにもかかわらず、どちらも作られた時期が極めて近接し、かつどちらも天皇を頂点とする朝廷によってつくられた書物であると結論しています（『神々の体系』中公新書）。

であれば二つの書物の出現する八年の間（『古事記』は七一二年、『日本書紀』は七二〇年）に天皇は女帝の元明から同じ女帝の元正に代わりますが、上山春平が指摘するように一貫して政治の実権を握っていたのは藤原不比等であったことはこれまで述べてきた通りです。

さて、私は石渡信一郎の命題「新旧二つの朝鮮人渡来集団による国家建設」を心底理解するためには、津田左右吉＋上山春平の考察を参考にしながら、井原教弼《みちすけ》が発表した論文『古代王権の歴史改作のシステム』の「干支一運六〇年の天皇紀」の説にジークムント・フロイト晩年の著作『モーセと一神教』の「心的外傷の二重性理論」の説を加えていることを読者の皆様にご理解いただきたいと思います。

しかし石渡信一郎の「新旧二つの朝鮮人渡来集団による国家建設」の説と井原教弼の「干支一運六〇年の天皇紀」の説については、私の直近の本『日本古代史集中講義』や『日本古代史問答法』や『日本古代国家の秘密』で繰り返し述べていますので割愛させていただきます。

5　フロイトの「心的外傷の二重性理論」

それではフロイト最晩年の著作『モーセと一神教』の「心的外傷の二重性理論」ですが、『モーセと一神教』はヒトラーがオーストリアに侵攻する二年前の一九三七年頃から書き始められ、ロンドン亡命後に完成します。

この本のテーマは端的にいえば「モーセはエジプト人であった」という説です。この点、「応神陵の被葬者は百済の王子昆支であった」という石渡説に似ています。日本全国津々浦々に鎮座する八幡神社に祀られている応神天皇が日本人ではなく朝鮮人であるというのですから、むしろ石渡説のほうが生々しく衝撃的です。

フロイトの『モーセと一神教』（渡辺哲夫訳、筑摩文庫、二〇〇三年）は「モーセを語る人はフロイトを語らず、フロイトを語る人はモーセを語らず」であったため、長い間、心理学、歴史学の研究分野においてあまり注目されませんでした。とくに日本人にとって『聖書』の「旧約」はあまりなじみのあるものではなく、それも紀元前一五〇〇年の話です。

ちなみにモーセの出エジプトは第一九王朝のラムセス二世（在位BC一二九〇―BC一二二四）頃ではないかと推定されていますが、確かなことはわかっていません。旧約の出エジプト記はモーセとイスラエル人《びと》がエジプトを出発してから「乳と蜜の流れる地カナン」に入るまで四〇年荒野をさよう国家形成の物語です。

ところでユダヤ人の預言者にして指導者のモーセがユダヤ人ではないということになると、ユダヤ教を土台とするキリスト教やイスラム教、ギリシャ哲学、そしてヨーロッパの歴史観を根底から揺るがす大事件です。ロンドン亡命後、フロイトはユダヤ人協会から会長になるよう懇願されますが、やんわりとことわっています。フロイトは第二次世界大戦勃発の一年前の一九三九年に亡くなっています。

さて、フロイトは『モーセと一神教』で次のように語っています。

> 二つの民族集団の合体と崩壊。すなわち最初の宗教は別の後の宗教に駆逐されながら、後に最初の宗教が姿を現し勝利を得る。すなわち民族の一方の構成部分が心的外傷の原因と認められる体験をしているのに、他の構成部分はこの体験に与《あず》からなかったという事実の必然的結果である。

これがフロイトの「心的外傷の二重性理論」です。私はこのフロイトの「最初の宗教は別の後の宗教に駆逐されながら、後に最初の宗教が姿を現し勝利を得る」という説を、石渡説の「朝鮮半島から渡来した新旧二つの渡来集団による古代日本国家の成立」に適用しています。

しかし新旧のうちの加羅系集団が最初に倭国に渡来した時には、倭国がどのような神と宗教をもっていたのかはここでは問いません。Xとしておきます。

言えることは日本古代国家を成立させた旧の最初の加羅系渡来集団は崇神の霊（日神）のアマテル神を祀り、後から来た新の百済系渡来集団は応神＝昆支の霊（日神）の八幡神を祀り、六四五年の乙巳のクーデター（いわゆる大化の改新）以降はX＋アマテル神（加羅系）＋八幡神（百済系）、すなわち継体系百済王朝の日神アマテラスが祀られるようになったと考えられることです。

フロイトは「心的外傷」を、また次のように言い換えています。

> 心的外傷のすべては五歳までの早期幼年時代に体験される。その体験は通常完全に忘れ去られているが、心的外傷→防衛→潜伏→神経症発生の経過をたどる。人類の生活でも性的・攻撃的な

内容の出来事がまず起こり、それは永続的な結果を残すことになったが、とりあえず防衛され忘却され、長い潜伏期間を通してのち、発生すなわち出現する。

晩年のフロイトはそれまでの神経症研究の集大成として、神経症状に似た結果こそ宗教という現象にほかならないという仮説を立てます。確かに難解な説ですが、私自身、神経症にかかったことがありますので、石渡説と合わせると私にとってはよく理解できる説です。

誤解を招くかもしれませんが、私は漱石の最初の作品『我輩は猫である』や『坊っちゃん』や『道草』、トルストイの『幼年時代の思い出』を読んで二人は神経症を経験した作家とみています。ヒトラーの『わが闘争』を読んでヒトラーもまた一五、六歳ごろに神経症が発症したとみています。実際、ヒトラーと同時代人のトーマス・マンは、ヒトラーを「神経症患者」と断じています。

それではこれら石渡説、井原説、フロイト説を合わせると、具体的にはアマテラスの何がわかるでしょうか。ここでは溝口睦子著の岩波新書『アマテラスの誕生』（二〇〇九）をとりあげます。溝口睦子はタカミムスヒを渡来神とし、アマテラスを縄文弥生からの古い日本の神としています。溝口はアマテラスがタカミムスヒを排除するようになったのはいつごろからかと問題提起をしています。

溝口の渡来神＝タカミムスヒ説は、戦後間もない昭和二三年の石田英一郎・岡正雄・護《もり》雅夫・江上波夫たちによる対談集『日本民族の起源』で発表した「四世紀から五世紀にかけて北東アジアの歴史のうねりのなかで誕生した太陽神（日神）＝皇祖神＝国家神である」という考察を援用したもので、溝口氏の独自なものではありません。その後、江上波夫は中公新書『騎馬民族征服王朝説』（一九六七）を出版して一大旋風を巻き起こしました。

先にも述べましたが、フロイトは「最初の宗教は別の後の宗教に駆逐されながら、後に最初の宗教が姿を現し勝利を得る」と指摘しています。すると溝口氏のいうアマテラス（縄文弥生の日本の神）は、フロイトの言う「最初の宗教」（私のいうX）にあたり、タカミムスヒはフロイトの「別の後の宗教」にあたります。しかしフロイトと溝口氏が言っていることは似ているようですが、じつはまったく違っています。

溝口氏は「アマテラス＝古い神すなわち最初の神が、タカミムスヒ＝渡来神すなわち別の後の神を排除＝駆逐した」としていますが、フロイトの先の言葉を溝口氏のアマテラスにあてはめると「古い神、最初の神＝アマテラスは、渡来の神、別の後の神＝タカミムスヒ（渡来神）に駆逐されながら、後に姿をあらわしてアマテラスが勝利する」ということになります。

溝口氏の言っていることは「先に坐っていた者が後からきた者に私の席に坐ってはいけないと言って自分のいる席に坐らせなかった」（アマテラス→渡来神（タカミムスヒ）→アマテラス）と同じで何ら融合・変化・成長がありません。

フロイトは「最初のモノが後のモノに駆逐されるが、最初のモノが後に現れて勝利すると言っている」のですから、溝口氏が言っていることと、フロイトが言っていることは、一八〇度違うと言っても過言ではありません。というのは最初のモノは後に現われたモノと融合しますが同じものではないからです。

つまりアマテラスの正体は新旧二つの渡来集団による二重の権力構造を認識しなければ解けない仕組みになっているのです。溝口氏の『アマテラスの誕生』が高く評価されているのは、タカミムスヒ（『古事記』は高御産巣日神、『日本書紀』は高皇産霊尊）という神を「記紀」神話からスクープして、アマテラスと同格のパワーを持つ神として位置付けていることです。

そもそもタカミムスヒは「記紀」神話の冒頭にアマノミナカヌシ・カミムスヒと一書に登場する三柱の神の一柱です。タカミムスヒを二代とすると、アマテラスは七代のイザナキとイザナミの子です。

しかし溝口氏の『アマテラスの誕生』からはこの「記紀」の冒頭に登場するタカミムスヒと天岩戸や国譲りや天孫降臨に登場するタカミムスヒとのつながりについては説明されていません。溝口氏はこのタカミムスヒを四世紀から五世紀の北東アジアに出自をもつ渡来神と位置づけています。

実は『古事記』は物語が一本のストーリーとしてまとまっていますが、『日本書紀』は各段に正文と一書（異伝）があり、多いものでは一つの正文に対して一〇以上の異伝があります。天孫降臨の場面では一つの正文に対し八つの異伝があります。

『古事記』ではアマテラスとタカミムスヒが一緒にアマテラスの孫ホノニニギを降臨させますが、『日本書紀』正文ではタカミムスヒが司令神となってホノニニギを真床追衾《まとこおうふすま》で包んで降臨させます。ところがこの『日本書紀』正文に対して第一の異伝ではアマテラスが司令神となって玉・八咫鏡・草薙の剣の「三種の神器」を授け、中臣祖アマノコヤネら五神を随伴させた上、「天壌無窮の神勅」をホノニニギに与えて降臨させます。

この第一の異伝の「アマテラスの神勅」は、明治二二年（一八八九）の大日本帝国憲法の告文「天壌無窮」ならびに「神ノ宝祚ノ承継」、そして第一条の「大日本帝国ハ万世一系ノ天皇之ヲ統治ス」に受け継がれています。

なぜ、伊藤博文ら維新政府が正文でなく第一異伝を選択したかは興味ある研究テーマだと思います。しかし「記紀」神話をつくらせたのは律令国家最大の実力者藤原不比等ですから、中臣氏の末裔にあたる藤原氏が『日本書紀』異伝の第一を挿入させるのに決定的な影響力を行使したのはいうまでもありません。

アマテラスとタカミムスヒの二神を「司令神」と名付けたのは溝口氏が最初ではないかと思います。しかし残念ながら溝口氏のアマテラス論からは「倭の五王」（加羅系渡来集団の王たち）の概念がスッポリ抜けていることと、「不在天皇一〇人」の一人天皇雄略を稲荷山鉄剣銘文の大王ワカタケル大王とし、辛亥年を五三一年ではなく四七一年としていることです。

なお溝口睦子著の『アマテラスの誕生』については拙著『日本古代史集中講義』に収録しました神田神保町の書泉グランデでのトークショー「アマテラスの正体――伊勢神宮はいつつくられたか」、そして持統天皇の子草壁皇子（日嗣の皇子＝日の御子）と高松塚古墳については『季報・唯物論研究』（第一三八号、季報「唯物論研究」刊行会、二〇一七年二月）をご覧いただければ幸いです。

〈追記〉

アマテラスの誕生について大切なことを言い忘れましたのでお伝えしたいと思います。『日本書紀』では崇神天皇六年（BC九二、干支は己丑年）に次のようなことが書かれています。

> 天照大神・倭大国魂《やまとおおくにたま》の二神を同じように天皇（崇神）の御殿にお祭りしていた。ところがその二神の神威を恐れて、二神と共に住まれることに不安があった。そこで天照大神を豊城入姫命《とよきいりひめのみこと》に託して、倭の笠縫邑《かさぬいむら》に祭り、神籬《ひもろぎ》を立てた〔神籬はここではヒモロキという〕。また日本大国魂神を渟名城入姫命《ぬなきいりひめのみこと》に託して祭らせた。しかし渟名城入姫は髪が抜け落ちて身体が痩せ細って祭ることができなかった。（A）

引用の笠縫邑は現桜井市三輪神社に接して北方五〇〇メートルの「元伊勢」とも呼ばれています。この小さな神社が「元伊勢」と呼ばれるのは、持統天皇四年（六九〇）にアマテラスが伊勢渡会の山田原（現伊勢山田の外宮）の前身となる多気《たき》神宮（三重県多気郡明和町）に移されたからです。

引用文の（A）を意訳しますと「崇神天皇はアマテラスと大物主神（大国主神）を一緒に祭っていたが、お互いに居心地が悪いのではないかと心配して、皇女トヨキイリヒメに笠縫村に祭らせ、大物主神を崇神の皇女ヌナキイリヒメに祭らせたがうまくいかなかった」ということになります。

崇神天皇六年の記事（A）の二年前の崇神天皇四年（BC九四、干支は丁亥年）一〇月二三日条には崇神天皇の「いつまでも皇祖の跡を継承し、永く無窮の皇統を保持すればよいだろうか。お前たちが忠義を尽くし、共に天下を平安にすることが何よりも大切である」という勅が書かれています。

ところで『日本書紀』持統天皇三年（六八九、干支は己丑年）八月二三日条に次のような記事があります。

百官《ももつかさ》、神祇官《じんぎ》（太政官にならぶ官）に会集し天神地祇のことを宣べ奉る。（B）

この記事（B）は百官が神祇官に集まって天神地祇（天つ神・国神）の相談をしたことを意味しています、実は持統三年の記事（史実）を干支一三運（七八〇年）繰り下げて（時間を古くして）崇神天皇の時代に挿入しています。ということは、Bが本当でAは史実Bにもとづいていますがフィクションということになります。なぜなら持統天皇四年（六九〇）一月一日条に次のようなことが書かれているからです。

物部麻呂朝臣が大盾を立てた。神祇伯中臣大島朝臣が天神寿詞《あまつかみのよごと》を読んだ。読み終えると、忌部宿禰色夫知《いんべのすくねしこぶち》が神璽《しんじ》の剣・鏡を皇后に奉り、皇后が天皇の位につかれた。（C）

崇神天皇六年（A）と持統三年（B）・四年（C）の記事を合わせて考慮すると、持統天皇は加羅系崇神王朝の始祖王の霊アマテル（日神）を聖母神＝アマテラスとして祭ったという仮説が成り立ちます。

石渡信一郎は『日本神話と史実』（上・下）で持統天皇の和風諡号「高天原広野姫」は初期律令国家の最大の指導者にしてかつ持統と草壁皇子の後見人であった藤原不比等が『日本書紀』の「天上無窮」のイデオロギーを貫徹するために工夫したものであろうと、指摘しています。

尚、詳細は石渡信一郎の著作と合わせて拙著『アマテラス誕生』を御一読いただければ幸いです。

あとがき――上野三碑《こうずけさんぴ》を訪ねて

『日本書紀』が二律背反に満ち満ちた「虚と実」の天皇の物語であるにもかかわらず、世界文化遺産の価値があることを認めざるを得ないと思っていた矢先のことです。群馬県高崎市に所在する上野三《こうずけさん》碑《ぴ》がユネスコ「世界の記憶」に登録されたと、新聞各紙やNHKが一斉に報道しました。

朝日・読売・毎日（二〇一七・一一・一）はもちろん地元群馬県の上毛新聞は号外で「〝世界の記憶〟上野三碑の多胡《たご》碑・山上《やまのうえ》碑・金井沢碑、東アジアの交流を示す」と誇りにみちた歓喜の言葉を伝えています。

熊倉浩靖教授（群馬県立女子大学）によれば世界の記憶は「人類が長い間記憶して後世に伝える価値のあるとされる記録物（可動文化財）」が対象とされ、その範疇は一一あると言います。そのなかで四つほど条文をあげますと次の通りです。

多胡碑

一、地上及び水面下で行われた考古学的調査及び発掘によって得られた物
一、道具類、焼き物、銘文、硬貨、印章、宝石、武器及びミイラを含む埋蔵物のような古器旧物
一、人類学的及び民族学的に重要な資料
一、科学・技術史及び軍事・社会史を含む歴史、諸国民、国家指導者、思想家、科学者及び芸術家の生活並びに国家的大事件に関係のある物件

「上野三碑」報道数日前の一〇月二八日（土）から三〇日（月）にかけて、私は奈良桜井の八木駅近くのホテルに泊まり、明日香の甘樫丘《あまかしのおか》、その東北山麓の推古天皇が居住したという飛鳥川左岸の小墾《おわり》田《だ》宮（豊浦寺）、川を渡って二、三〇〇メートルのところにある飛鳥寺と入鹿の首塚や伝飛鳥板葺宮《いたぶきのみや》跡、馬子の墓（石舞台古墳）等々の写真をとるため歩きまわっていました。

明日香（飛鳥）は天井のない歴史博物館と言われています。景行天皇の子ヤマトタケルも「倭《やまと》は国のまほろま畳《たた》づく青垣山籠《やまこも》れる倭《やまと》し麗《うるわ》し」と歌っています。

明日香村役場の表通りに面した二階に「飛鳥・藤原を世界遺産に！」という横断幕が張られています。明日香村役場の所在地は「奈良県高市郡明日香村大字岡五五番地地」です。日本で唯一「村」全域が古都保存法対象の自治体です。

私が飛鳥（明日香）にこだわるのは推古天皇（聖徳太子の時代）から天武天皇の壬申の乱までの三〇〇年間、飛鳥は古代日本国家成立の檜舞台となったからです。しかし「世界遺産に！」という横断幕

伝飛鳥板蓋宮跡に南接する明日香村役場〔筆者撮影〕

には、ユネスコの「世界の記憶」にいの一番に登録されるはずの明日香村が未だに登録されていないという地元の人々の歯痒さが滲んでいます。

今ここでユネスコに登録されない諸々の理由をあげつらうのは差し控えますが、飛鳥の歴史には「考古学的調査及び発掘によって得られた物」だけではもの足りない、それにプラスする「人類学的及び民族学的に重要な資料」「国家的大事件に関係のある物件」が必要とされます。

たとえば朝鮮半島の百済から数万人余の明日香への東漢《やまとのあや》氏の渡来、全長三一八メートルの見瀬丸山古墳の被葬者、墳丘が暴かれて巨石が露わになった石舞台古墳の謎、蘇我王朝三代（馬子・蝦夷・入鹿）の居城飛鳥の実態が依然として曖昧模糊として現在に至っているからです。

しかし希望がないわけではありません。飛鳥の最後の大王であり、かつ最初の天皇であった天武天皇から遡って群馬県高崎市の「上野三碑」に至るかすかな道筋を辿ることができるからです。そのことを皆様にお伝えしようと思います。

『日本書紀』天武天皇一〇年（六八一、干支は辛巳年）三月一七日条に「帝紀及び上古の諸事」の編纂（のちの『日本書紀』）に命じられた一二人のなかに大錦下上毛野君三千《だいきんげかみつけのきみみちじ》という人物がいます。

この上毛野君三千はこの年の八月一日に死んだと『日本書紀』は伝えています。『日本書紀』の訳者頭注にしたがって調べてみると崇神天皇一七年（BC五八〇、干支は庚子年）四月一九日条に「活《いく》目入彦《めいりひこ》尊（以下、イクメイリヒコこと垂仁天皇）を立てて皇太子とし、豊城入彦命《とよきいりひこ》（以下、トヨキイリヒコ）には東国を治めさせた。これが上毛野君（群馬）・下毛野（栃木）の始祖である」と書かれています。また同崇神天皇四八年（BC六六一、干支は辛未年）一月一〇日条に次のように書かれています。

天皇は豊城入命・活入尊を呼び、「お前たちの見た夢でどちらを皇太子にするか決めよう」と言った。兄豊入命は「自ら御諸山《みもろやま》（三輪山）に登り、八回槍を突き出し、八回刀を撃ち振りました」と答えた。弟活目尊は「御諸山の峰に登り、縄を四方に引き渡し、粟を食む雀を追い払いました」と答えた。

そこで天皇は「兄は東方だけ向いていた。だから東国を治めるがよい。弟はすっかり四方に臨んでいた。まさに私の即位を嗣ぐのにふさわしい」と言った。

四月一九日活目尊を皇太子とした。豊城入尊には東国を治めさせた。これが上毛野君・下毛野君の始祖である。

であれば上毛野君三千は加羅系渡来集団の始祖王崇神の長子トヨキイリヒコの子孫となるわけです。二人の息子の夢からトヨキイリヒコの荒々しい性格を見抜いた父崇神はトヨキイリヒコを地方の豪族に婿入りさせ、関東以北のエミシ討伐に備えたのでしょう。この「崇神紀」のエピソードは、景行天皇がエミシ討伐のため子のヤマトタケルを日高見国に派遣する「景行紀」とよく似ています。

群馬県には四世紀後半から五世紀前半にかけて前期前方後円墳（三角縁神獣鏡が出土）が築造されます。島根県神原神社出土の景初三年鏡は群馬県高崎市蟹沢古墳の出土鏡と同じです。また群馬県前橋市天神山古墳出土の鏡は奈良県桜井市茶臼山古墳の出土の鏡と同型鏡（同じ版から作られた兄弟鏡）です。森浩一（一九二八—二〇一三）は青年時代、茶臼山古墳の発掘調査に携わり確固たる考古学者としての地位を築きました。

四世紀前半南朝鮮から北部九州に渡来した加羅系渡来集団は邪馬台国を滅ぼし、瀬戸内海沿いの備前（岡山）に前進基地をつくり、大阪湾から難波・河内を征服し四世紀中ごろ大和盆地東南部の三輪山山麓の纏向《まきむく》に王都と築きます。箸墓《はしはか》古墳は崇神の墓です。邪馬台国の卑弥呼の墓ではありません。

加羅系渡来集団の主力部隊は纏向に留まりましたが、その別働隊は木津川や初瀬川（大和河の上流）を利用して伊勢・志摩・伊賀・近江へと渡り、尾根と木曽川沿いに北関東（群馬・栃木）、もう一つの別働隊は太平海沿いに浜松・静岡・東京湾岸に進出します。相模湾に近い相模川下流西岸の真土大塚古墳出土の三角縁神獣鏡は木津川沿いの京都椿井大塚山古墳と岡山湯迫《ゆば》車塚古墳の鏡と同型鏡です。

会津若松の全長一一四メートルの会津大塚山古墳は東北地方の最古の古墳ですが、南北に割竹形木棺と鏡・玉・武器の副葬品が出ます。南の棺からは三角縁神獣鏡や環頭太刀が発見されています。関東北部の群馬・栃木を拠点とした加羅系集団はエミシの住む仙台、岩手県南部まで進出します。

ところで「上野三碑」の一つ山上碑（高崎市山名町山神谷二一〇四）には「辛己《かのとみの》（巳の異字体）歳」と銘記され、その年は『日本書紀』天武天皇一〇年（六八一、干支は辛巳年）に当たります。

二つ目の多胡碑（高崎市吉井町池一〇九五）には左中弁多治比真人・左大臣石上尊・右大臣藤原不比等が銘記され、『続日本紀』元明天皇和銅四年（七一一）三月六日条に「上野国甘良郡の織裳《おりも》・韓級《からしな》・矢田・大家《おおやけ》、緑野《みどりの》郡の武美《むみ》、片岡郡の山など六郷を割いて、新しくが多胡郡を設けた」と書かれています。

『続日本紀』によれば元明天皇和銅同五年（七一二）条には「太安万侶が『古事記』を撰上（一・八）、越後国出羽郡を割き出羽国を置き（九・二三）、陸奥国最上・置賜両郡を出羽国に編入（一〇・一）」と書かれています。初期律令国家はさかんに北関東・信越・東北地方に進出していることがわかります。

三つ目の金井沢碑（高崎市山名町金井沢二三三四）に刻まれた神亀三年二月二九日は聖武天皇神亀三年にあたり、三家《みやけ》氏という一族が先祖の供養と子孫繁栄を願って建てた石碑です。

現在これら三つの石碑「上野三碑」は上信電鉄（高崎・下仁田間）の吉井駅を起点にマイクロバス（無料）が約三〇分おきに巡回しています。吉井駅からバスで一〇分ほどの多胡碑に隣接する多胡碑記念館には多胡碑の歴史、書道史、古代文字の研究資料が展示されています。また敷地内には七世紀前半築造の横穴式の円墳があります。円墳の隣接しているのは山上碑も同じです。山上碑の古墳も飛鳥時代前期の円墳ですが、被葬者は佐野三家の管理者黒目刀自《くろめのとじ》と想定されています。

さてここからは皆さまもご存じの稲荷山古墳出土の鉄剣銘文に刻まれている次の銘文にもとづいて獲加多支鹵大王《わかたけるだいおう》（以下、ワカタケル大王、欽明天皇）が「上野三碑」の登場人物の祖先とどのような関係にあったか、筆者の知見を加えてお話しします。なお詳細は拙著『古代七つの金石文』をご覧ください。

（表）辛亥年七月中記乎獲居臣上祖名意富比垝其児多加利足尼其児名弖已加利獲居其児名多加披次獲居其児名多沙鬼獲居其児名半弖比

（裏）其児名伽差披余其児名呼獲居臣世々為杖刀人首奉事来至今獲加多支鹵大王寺在斯鬼宮時吾左治天下令作此百錬利刀記吾奉事根源也

（訓読文表）辛亥の年七月中、記す。ヲワケの臣。上祖、名はオホヒコ。其の児、（名は）タカリノスクネ。其の児　名はテヨカリワケ。其の児、名はタカヒ（ハ）シワケ。其の児、名ハタサキワケ。其の児、名はハテヒ。

（訓読文裏）　其の児　名はカサヒ（ハ）ヨ。其の児　名はヲワケの臣。世々　杖刀人の首と為りて、奉事し来り今に至る。ワカタケ（キ）ル（ロ）大王の寺、シキの宮に在る時、吾、天下を左治し、此の百錬の利刀を作らしめ、吾が奉事の根源を記す也。

（『稲荷山古墳出土鉄剣金象嵌銘概報』埼玉県教育委員会編）

通説ではこの銘文のワカタケル大王は雄略天皇（在位四五六―四七九）、辛亥年は四七一年とされています。文部省検定済の中高の歴史書はすべて亥年年＝四七一年、ワカタケル大王＝雄略天皇です。しかし本当は辛亥年＝五三一年、ワカタケル大王＝欽明天皇（在位五三一―五七一）です。その理由を次に述べます。

雄略天皇は不在天皇一〇人（仁徳・履中・反正・允恭・安康・雄略・清寧・顕宗・仁賢・武烈）の一人です。この不在天皇一〇人は加羅系渡来集団の始祖王崇神・垂仁＋倭の五王「讃・珍・済・興・武」の七人の時代（三七〇前後～五〇六年）と重なっています。本書冒頭の倭の五王と倭武（日十大王＝昆支王）の関係図をご覧ください。

隅田八幡鏡銘文の癸未年は五〇三年です。銘文の「日十大王」は四六一年百済から渡来し倭王済に婿入りして加羅系倭王朝を継ぎ、百済系ヤマト王朝の始祖王となる昆支王（百済蓋鹵王の弟）のことです。

また同八幡鏡銘文の「男弟王」は『日本書紀』の男大迹（継体天皇）のことで余紀（昆支王の弟）で

す。余紀も倭王済の娘目子媛《めのこひめ》と結婚して安閑・宣化を生みます。ワカタケル大王＝欽明は倭王武＝昆支が済の嫡子倭王興の娘と結婚して生まれた昆支大王晩年の子です。

稲荷山鉄剣銘文の「ワカタケ（キ）ル（ロ）大王の寺、シキの宮に在る時、吾、天下を左治し、此の百錬の利刀を作らしめ、吾が奉事の根源を記す也」という文言は「ワカタケル大王の寺が斯鬼宮にあったとき、臣下である私は杖刀人の頭《かしら》（軍事大将）としてワカタケル大王の天下統一に大きな働きをしました。その記念として刀をつくりお寺に献納した」と意訳することができます。

五三一年の辛亥のクーデターは古代最大の事件ですが、『日本書紀』編纂者はこのクーデターはなかったことにしています。しかし事実は倭王武＝昆支晩年の子ワカタケルは継体が老衰で亡くなった直後、安閑・宣化を殺害し、旧加羅系渡来集団の豪族と新百済系豪族の紛争に介入し、全国に多くの屯倉《みやけ》（天皇直轄の土地・職能集団）を作り、百済系の支配地を拡大します。

稲荷山鉄剣銘文の主「乎獲居臣《をわけのおみ》」こそワカタケル大王によって大和から派遣された加羅系の軍事氏族であり、この百済系と加羅系の争乱を鎮圧したのち武蔵国造として加羅系豪族が拠点とする上毛野（上野）を牽制した人物です。なぜなら太田市（群馬県）周辺で前方後円墳が衰退しはじめたころ、行田市周辺に稲荷山古墳が出現し、この地はその後も埼玉古墳群が造営されているからです。

私は橿原神宮駅に降り立つ時は、見瀬丸山古墳に訪れる気持ち抑えることができません。見瀬丸山古墳の墳丘部は宮内庁の参考陵（天皇陵ではありません）に指定されているので立ち入り禁止ですが、前方部は上ることができます。だから天皇陵を発掘せよ言っているわけではありません。せめて参考陵ならば考古学的研究対象として科学的調査をしてもいいのでないかと申し上げているのです。

私の夢と希望はこの見瀬丸山古墳を周辺の住民や県内・県外、そして外国からの観光客に公開することです。それにはワカタケル大王＝欽明天皇＝天国排開広庭の名にふさわしい日本人の知力と技術、創意と工夫を駆使した明るく広いスペースの建築物を作ることです。

であればこそ日本と東アジア諸国の文化遺産＝世界の記憶としてユネスコの登録を堂々と獲得することができるのです。

林順治

二〇一七年一一月

◎参考文献

〔全般〕
『日本書紀①～③』（新編日本古典文学全集）、小島憲之・直木孝次郎・西宮一民・蔵中進・毛利正守校注・訳、小学館、一九九四年
『古事記』（新編日本古典文学全集1）、山口佳紀・神野志隆光校注・訳、小学館、一九九七年
『続日本紀』（現代語訳）宇治谷孟、講談社学術文庫、一九九二年

〔石渡信一郎の本〕
『日本古代王朝の成立と百済』（私家版）石渡信一郎、一九八八年
『応神陵の被葬者はだれか』石渡信一郎、三一書房、一九九〇年
『蘇我馬子は天皇だった』石渡信一郎、三一書房、一九九一年
『日本書紀の秘密』石渡信一郎、三一書房、一九九二年
『蘇我王朝と天武天皇』石渡信一郎、三一書房、一九九六年
『ヤマトタケル伝説と日本古代国家』石渡信一郎、三一書房、一九九八年
『日本地名の語源』石渡信一郎、三一書房、一九九九年
『増補新版　百済から渡来した応神天皇』石渡信一郎、三一書房、二〇〇一年
『蘇我大王家と飛鳥』石渡信一郎、三一書房、二〇〇一年
『日本神話と藤原不比等』石渡信一郎、信和書房、二〇一二年
『日本神話と史実』（上・下）石渡信一郎、信和書房、二〇一二年
『新訂・倭の五王の秘密』石渡信一郎、信和書房、二〇一六年

〔その他〕
『八幡宮の研究』宮地直一、理想社、一九五一年
『魏書倭人伝・ほか』石原道博編訳、岩波文庫、一九五一年
『日本国家の起源』井上光貞、岩波新書、一九六〇年
『津田左右吉全集』（第三巻、日本上代史の研究）、岩波書店、一九六二年
『天武天皇出生の謎』（増補版）、大和岩男、六興出版、一九六二年
『古事記と日本書紀』（坂本太郎著作集第二巻）、吉川弘文館、一九六五年
『騎馬民族国家』江上波夫、中公新書、一九六七年
『遊牧騎馬民族国家』護雅夫、講談社現代新書、一九六七年
『法隆寺雑記帳』石田茂作、学生社、一九六九年
『古代朝日関係歴史』金錫亨著、朝鮮史研究会訳、勁草書房、一九六九年
『飛鳥仏教史研究』田村園澄、塙書房、一九六九年
『神々の体系』上山春平、中公新書、一九七二年
『隠された十字架』梅原猛、新潮社、一九七二年
『「邪馬台国」はなかった』古田武彦、朝日新聞社、一九七二年
『飛鳥随想』石田茂作、学生社、一九七二年
『黄泉の王』梅原猛、新潮社、一九七三年
『古事記成立考』大和岩雄、大和書房、一九七五年
『蘇我蝦夷・入鹿』門脇禎二、吉川弘文館、一九七七年
「五世紀後半の百済政権と倭」（立命館文学433・434号）、古川政司、一九七八年
『百済史の研究』坂元義種、塙書房、一九七八年
『天武朝』北山茂夫、中公新書、一九七八年

『ゼミナール日本古代史』（上・下）上田正昭・直木幸次郎・森浩一・松本清張編著、光文社、一九七九年
『季刊・東アジアの古代文化42号』（「古代王権の歴史改作のシステム」）井原教弼、大和書房、一九八五年
『持統天皇』直木幸次郎、吉川弘文館、一九八五年
『持統天皇』吉野裕子、人文書院、一九八七年
『藤ノ木古墳と六世紀』黒岩重吾・大和岩雄、大和書房、一九八九年
『馬・船・常民』森浩一・網野善彦、講談社学術文庫、一九九一年
『季刊東アジアの古代文化（春・六七号）』（特集天武天皇の時代）、大和書房、一九九一年
『見瀬丸山古墳と天皇陵』（季刊考古学・別冊２）猪熊兼勝編、雄山閣、一九九二年
『大化改新』遠山美都男、中公新書、一九九三年
『高松塚古墳』森岡秀人・網干善教、読売新聞社、一九九五年
『日本人の成り立ち』埴原和郎、人文書院、一九九五年
『伊勢神宮の成立』田村圓澄、吉川弘文館、一九九六年
『金光明経』壬生台舜、大蔵出版仏典講座、一九九七年
『群馬県の歴史』西垣春次・山本隆志・丑木幸男編著、山川出版、一九九七年
『埋もれた巨象』（岩波同時代ライブラリー）、岩波書店、一九九七年
『秦氏とその民』加藤謙吉、白水社、一九九八年
『〈聖徳太子〉の誕生』大山誠一、吉川弘文館、一九九九年
『日本書紀の謎を解く』森博達、中公新書、一九九九年
『懐風藻』江口孝夫全訳注、講談社学術文庫、二〇〇〇年
『季刊東アジアの古代文化　１０２号』（特集「聖徳太子と日本書紀」）大和書房、二〇〇〇年一月
『季刊 東アジアの古代文化　１０４号』（特集「聖徳太子の謎にせまる」）大和書房、二〇〇〇年八月
『アマテラスの誕生』筑紫申真、講談社学術文庫、二〇〇二年

『好太王碑研究とその後』李進熙、青丘文化社、二〇〇三年
『季刊邪馬台国 92号』(「特集隅田八幡神社の人物画像鏡銘文の徹底的研究」) 安本美典編集、梓書院、二〇〇六年
『謎の豪族蘇我氏』水谷千秋、文春文庫、二〇〇六年
『壬申の乱を歩く』倉本一宏、吉川弘文館、二〇〇七年
『壬申の乱を読み解く』早川万年、吉川弘文館、二〇〇九年
『持統女帝と皇位継承』倉本一宏、吉川弘文館、二〇〇九年
『アマテラスの誕生』溝口睦子、岩波書店、二〇〇九年
『大和王権と河内王権』(直木孝次郎古代史を語る⑤) 直木孝次郎、吉川弘文館、二〇〇九年
『高松塚・キトラ古墳の謎』山本忠尚、吉川弘文館、二〇一〇年
『天智と持統』遠山美都男、講談社現代新書、二〇一二年
『伊勢神宮と天皇の謎』武澤秀一、文春新書、二〇一三年
「百舌鳥・古市古墳群出現前夜」(平成二五年度春季特別展)、大阪府立近つ飛鳥博物館、二〇一三年
『天武天皇の企て』遠山美都男、角川選書、二〇一四年
『聞け!　オキナワの声』仲宗根勇　未来社、二〇一五年
『天智天皇』森公章、吉川弘文館、二〇一六年
『日本書紀の呪縛』(シリーズ〈本と日本史〉①) 吉田一彦、集英社新書、二〇一六年
『街場の天皇論』内田樹、東洋経済新報社、二〇一七年
『蘇我氏と馬飼集団の謎』平林章仁、祥伝社新書、二〇一七年
『アジア辺境論』内田樹・姜尚中、集英社新書、二〇一七年
『群馬県の歴史散歩』群馬県高等学校教育研究会編、山川出版、二〇一七年
『古代天王家と日本書記１３００年の秘密』仲島岳、ＷＡＶＥ出版、二〇一七年

著者略歴

林順治（はやし・じゅんじ）

旧姓福岡。1940年東京生まれ。東京大空襲1年前の1944年、父母の郷里秋田県横手市雄物川町深井（旧平鹿郡福地村深井）に移住。県立横手高校から早稲田大学露文科に進学するも中退。1972年三一書房に入社。取締役編集部長を経て2006年3月退社。

著書に『馬子の墓』『義経紀行』『漱石の時代』『ヒロシマ』『アマテラス誕生』『武蔵坊弁慶』『隅田八幡鏡』『天皇象徴の日本と〈私〉1940-2009』『八幡神の正体』『古代 七つの金石文』『法隆寺の正体』『アマテラスの正体』『ヒトラーはなぜユダヤ人を憎悪したか』『猫と坊っちゃんと漱石の秘密』『日本古代国家の秘密』『エミシはなぜ天皇に差別されたか』『沖縄！』『日本古代史問答法』（いずれも彩流社）。『応神＝ヤマトタケルは朝鮮人だった』（河出書房新社）。『日本人の正体』（三五館）。『漱石の秘密』（論創社）。『仁徳陵の被葬者は継体天皇だ』（河出書房新社）。『あっぱれ啄木』（論創社）。『日本古代史集中講義』（えにし書房）。

『日本書記』集中講義

天武・持統・藤原不比等を語る

2017年12月8日 初版第1刷発行

■著者　林　順治

■発行者　塚田敬幸

■発行所　えにし書房株式会社

〒102-0074 東京都千代田区九段南 2-2-7 北の丸ビル 3F

TEL 03-6261-4369　FAX 03-6261-4379

ウェブサイト　http://www.enishishobo.co.jp

E-mail　info@enishishobo.co.jp

■印刷／製本　モリモト印刷株式会社

■装幀　加藤俊二（プラス・アルファ）

■ DTP　板垣由佳

 ISBN978-4-908073-47-2 C0021

えにし書房の古代史講義シリーズ

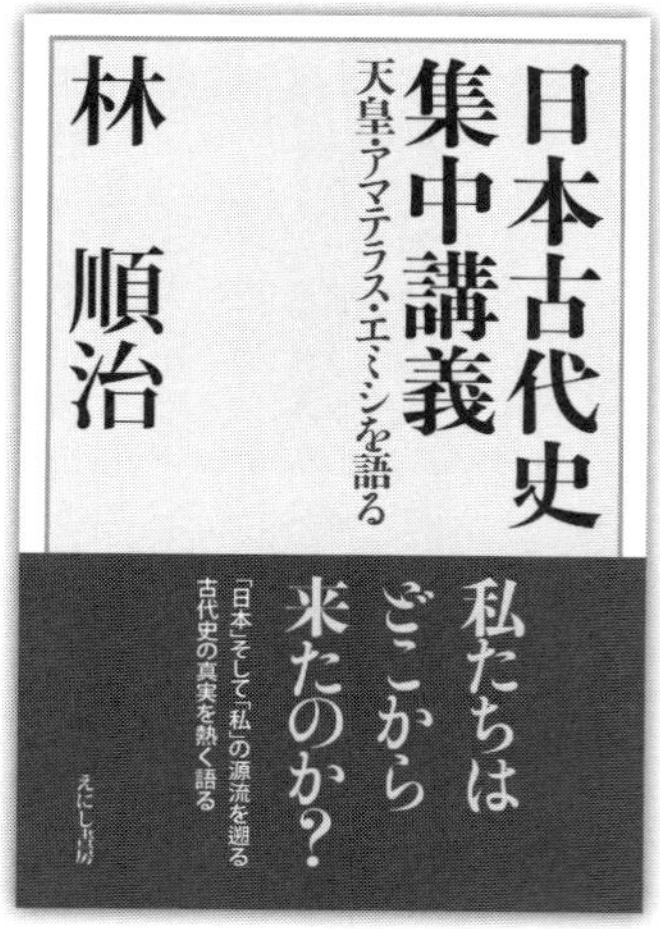

ISBN978-4-908073-37-3 C0021

日本古代史集中講義
天皇・アマテラス・エミシを語る

林 順治 著

定価：1,800円＋税／四六判／並製

日本国家の起源は？　日本人の起源は？　そして私の起源は？　古代史の欺瞞を正し、明確な答えを導き出しながら学界からは黙殺される石渡信一郎氏による一連の古代史関連書の多くに編集者として携わり、氏の説に独自の視点を加え、深化させたわかりやすい講義録。出自を隠さざるを得なかった新旧２つの渡来集団による古代日本国家の成立と、万世一系神話創設の過程から、最近の天皇退位議論までを熱く語る。

主な内容

第Ⅰ章　隅田八幡鏡と継体天皇
皇紀二六〇〇年と〈私〉／日本国家の起源＝万世一系天皇の物語／石渡信一郎の『応神陵の被葬者はだれか』／隅田八幡鏡銘文はいかに解読されたか（ほか）

第Ⅱ章　二つの渡来集団による日本古代国家の成立
日本古代国家の成立と天皇の起源を知る命題／奈良纒向の王都をつくった加羅系渡来集団／昆支王と余紀はいつ倭国に渡来したのか（ほか）

第Ⅲ章　アマテラスの正体──伊勢神宮はいつつくられたか
三つの仮説、石渡説・井原説・フロイト説／倭王旨＝崇神天皇の墓は箸墓古墳です／伊勢神宮の内宮は外宮とどこが異なっているのか（ほか）

第Ⅳ章　エミシはなぜ天皇に差別されたか
存在の故郷と私／エミシ攻略のための雄勝城柵と鎮守将軍藤原朝獦／前九年の役と後三年の役／エミシは何故どのように差別されたか（ほか）

附　章　万世一系天皇の歴史と津田左右吉
「皇室典範」改正論議／万世一系の思想／戦後政治状況と津田左右吉の思想の齟齬／天皇機関説と右翼の攻撃／象徴天皇制と、天皇生前退位論（ほか）

えにし書房の古代史関連書

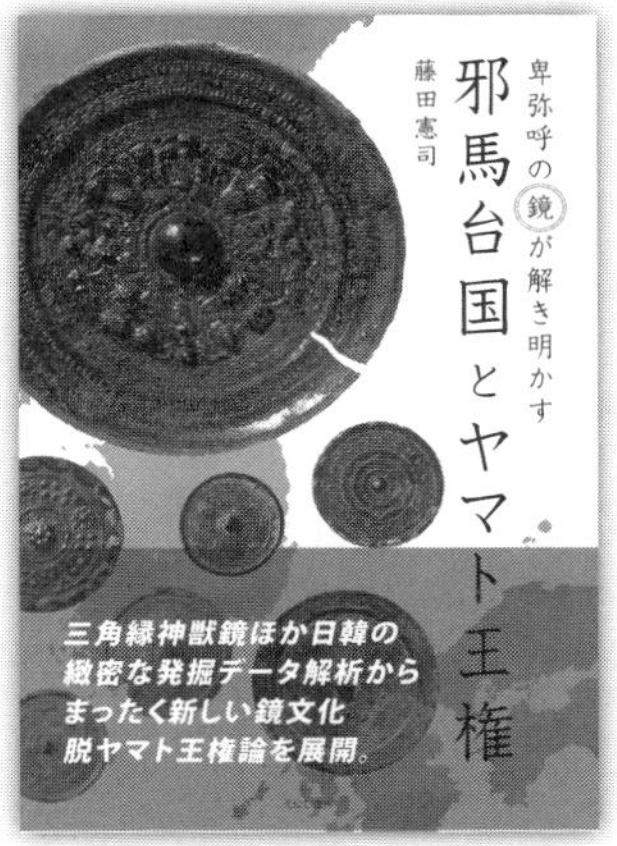

ISBN978-4-908073-21-2 C0021

卑弥呼の「謎」が解き明かす

邪馬台国とヤマト王権

藤田憲司 著

定価：1,800円＋税／四六判／並製

三角縁神獣鏡ほか日韓の緻密な発掘データ解析から、まったく新しい鏡文化・脱ヤマト王権論を展開。従来の日本・東アジアの古代史像に一石を投じる。図版データ多数！

邪馬台国は北部九州の中にあったと考えざるを得ない——。

日韓の墳丘墓から出土される鏡に注目し、古墳と副葬品の関連、鏡の文化の変遷をたどる。

捏造の日本古代史

日本書紀の解析と古墳分布の実態から解く

相原精次 著

定価：2,000円＋税／四六判／並製

“古代史”を取り戻せ！

いまこそ真摯に古代史に向き合いたい。

権力の都合によって捏造された形で流布し、常識となっている古代史の「前提」を疑い、解体する。

日本書紀を虚心に読み込み、その成立過程の「層」構造を究明し、積年の古墳研究により明らかになりつつある豊穣で多様性に富んだ古代史の真の姿に迫る。

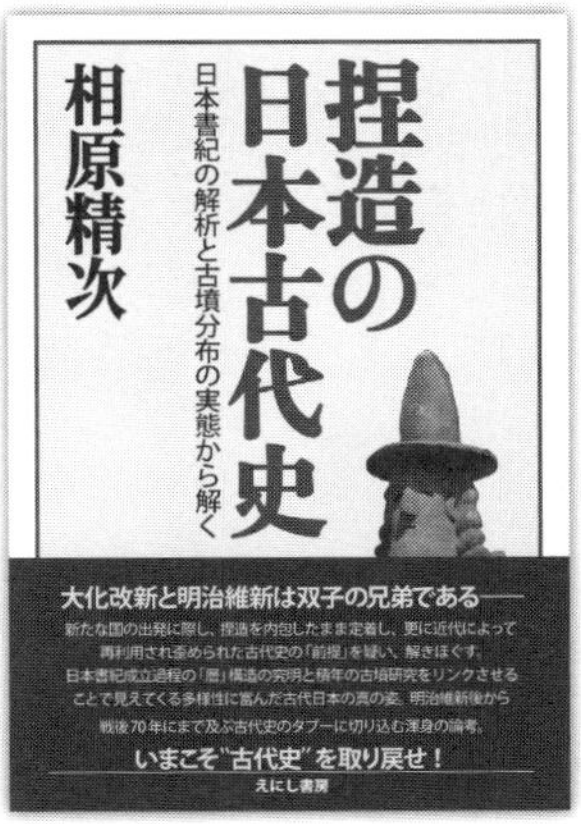

ISBN978-4-908073-35-9 C0021

周縁と機縁のえにし書房

978-4-908073-07-6　C0022

誘惑する歴史

誤用・濫用・利用の実例

マーガレット・マクミラン 著／真壁 広道 訳

定価：2,000 円＋税／四六判／並製

歴史にいかに向き合うべきか？　サミュエル・ジョンソン賞受賞の女性歴史学者の白熱講義！

歴史と民族・アイデンティティ、歴史的戦争・紛争、9. 11、領土問題……。歴史がいかに誤用、濫用に陥りやすいかを豊富な実例からわかりやすく解説。安直な歴史利用を戒めた好著。歴史を学ぶ方必読書。

978-4-908073-09-0　C0021

西欧化されない日本

スイス国際法学者が見た明治期日本

オトフリート・ニッポルト 著／中井 晶夫 編訳

定価：2,500 円＋税／四六判／上製

親日家にして、国際法の大家が描く明治日本。日本躍進の核心は西欧化されない本質にこそあった！

大戦時代のヨーロッパにあって国際平和を説き続け、優れた洞察力で時代の暗雲に立ち向かった稀有な国際法学者が、温かい眼差しながら鋭く分析し、驚くべき卓見で見抜いた日本の本質。

978-4-908073-37-3　C0021

丸亀ドイツ兵捕虜収容所物語

髙橋 輝和 編著

定価：2,500 円＋税／四六判／上製

映画「バルトの楽園」の題材となり、脚光を浴びた板東収容所に先行し、模範的な捕虜収容の礎を築いた 丸亀収容所 に光をあて、その全容を明らかにする。公的記録や新聞記事、日記などの豊富な資料を駆使し、当事者達の肉声から収容所の歴史や生活を再現。貴重な写真・図版 66 点収載。